Philip Streit

Jugendkult
Gewalt

Was unsere Kinder
aggressiv macht

in Zusammenarbeit
mit Mario Leitner

UEBERREUTER

»Jugendgewalt ist kein Schicksal – es kommt auf unser couragiertes Handeln an.«

Gewidmet dem Team des Instituts für Kind, Jugend und Familie in Graz

Das säurefreie und alterungsbeständige Papier EOS liefert Salzer, St. Pölten (hergestellt aus chlorfrei gebleichtem Zellstoff aus nachhaltiger Forstwirtschaft).

ISBN 978-3-8000-7451-8
Covergestaltung: Thomas Esterer; www.bueroesterer.com
Coverfoto: prill/iStockphoto.com
Copyright © 2010 by Verlag Carl Ueberreuter, Wien
Gedruckt in Österreich
7 6 5 4 3 2 1

Ueberreuter im Internet: www.ueberreuter.at

INHALT

Danksagung

Schon bei meinem ersten Buch »Akzeptiert – soziale Reaktionen auf behinderte Kinder«, dessen Erscheinen bereits 17 Jahre zurückliegt, war ich unausstehlich. Es ehrt und fordert zugleich, ein Buch zu schreiben. Es macht Stress. Daher gilt mein Dank zuallererst zugleich meiner Frau Dr. Brigitte Streit-Emberger und meinem Co-Autor Mag. Mario Leitner. Brigitte hat mich die ganze Zeit hindurch während meiner Arbeit am Buch ertragen. Sie hat mir immer wieder den Rückhalt gegeben, dass meine Arbeit Sinn macht, und keinen Zweifel daran gelassen, dass sie zu mir steht. Das schafft Sicherheit und Beziehung. Ohne Mag. Mario Leitner würde es dieses Buch nicht geben. Er hat geduldig meine Gedanken niedergeschrieben, geordnet, mit kritischen Äußerungen versehen und mich so zur Diskussion gefordert. Vor allem an Kapitel zwei war er federführend beteiligt. Dieses Buch ist so zu *unserem* Buch geworden.

Danken möchte ich auch Frau Mag. Andrea Lienhart und Frau Mag. Gloria Avar. Sie haben sich die Mühe gemacht, das Manuskript von den ersten Fassungen an immer wieder durchzulesen. Von ihnen kamen wichtige Rückmeldungen zu Inhalt, Struktur und Lesbarkeit. Dr. Siegfried Kramer, dem weisesten aller Psychologen, und Dr. Maria Brunner-Hantsch, Fachärztin für Psychiatrie und unermüdliche Streiterin für eine jugendgerechte Therapie, danke ich für die vielen spannenden Diskussionen nicht nur zu diesem Thema.

Zu danken habe ich auch allen Mitarbeiterinnen und Mitarbeitern, Psychologinnen und Psychologen meines Instituts für Kind, Jugend und Familie in Graz, die mich in der Zeit der Niederschrift dieses Buches entlastet haben. Sie zeigen durch ihre Arbeit, wie es gelingen kann, auch schwierigste, gewalttätige, schon verloren geglaubte junge Menschen zu gewinnen. Dieses Buch ist davon inspiriert und daher dem Team des Instituts gewidmet.

Danken möchte ich auch meinen Ideengebern, die es mir ermöglicht haben, Gedanken zum Thema Jugendkult Gewalt zu entwickeln. Eine besondere Rolle spielen dabei die »genetischen und neurobiologischen« Überlegungen von Prof. Wolfgang Bauer und Prof. Gerald Hüther zum Thema Aggression. Mein Dank gilt weiters Prof. Martin Seligman, dem Begründer der Positiven Psychologie, mit dem mich eine herzliche und persönliche Bekanntschaft verbindet, sowie den Professoren Philip Zimbardo und Albert Bandura mit ihren Gedanken zu Heldentum, Bösem und Moral. Speziell inspiriert haben mich die Gedanken des israelischen Psychologen Prof. Haim Omer zum Umgang mit gewaltbereiten Kindern und Jugendlichen. Fasziniert hat mich auch die Schweizer Psychologin Dr. Maja Storch mit ihrem »Strudelwurm« und ihren Gedanken zur Motivation. Sie ist tatsächlich eine Motivationskünstlerin und half, wenn mein »Strudelwurm« einmal nicht mehr schreiben wollte.

Zuletzt möchte ich dem Verlag Carl Ueberreuter für die Veröffentlichung des Buches sowie für die terminliche Nachsicht danken.

Philip Streit, Januar 2010

Einleitung

Heute ein Buch zum Thema Jugendgewalt zu schreiben ist herausfordernd und ein Wagnis, handelt es sich doch um ein Topthema der öffentlichen Diskussion. Die Medien sind voll davon. Gewalt und Aggression dominieren die Fortbildung in der Schule und im psychosozialen Bereich. Es mangelt nicht an Gewaltpräventionsprogrammen, an guten Ideen für Eltern und schon gar nicht an Literatur.

Wenn schon, dann sollte ein Buch über Jugendgewalt etwas Besonderes sein, zumindest etwas Neues bringen. Das war der Anspruch, den Mario Leitner und ich an uns gestellt haben und dem wir versuchen mit diesem Buch gerecht zu werden.

Was uns als Erstes auffiel, war das negative Vorzeichen, mit dem die Wörter Aggression und Gewalt im Allgemeinen und in Zusammenhang mit Jugend im Besonderen behaftet sind. Widersprüchlichkeit und Mehrdeutigkeit der Begriffe Aggression und Gewalt sind weitgehend ausgeklammert, global wird von »der Jugendgewalt« gesprochen. Hier wollen wir differenzieren. Wir stellen die historische und soziale Dimension von Gewalt vor, ohne die keine seriöse Diskussion über Jugendgewalt geführt werden kann.

Aggression wollen wir »vom Kopf auf die Füße« stellen. Grundsätzlich ist Aggression nämlich nicht »böse«, sondern steht im Dienste des biologisch abgesicherten Bedürfnisses des Menschen nach Kooperation und Bindung.

Das Zweite, das auffällt, ist die Expertenlastigkeit des Themas Aggression und Jugendgewalt. Diese Experten sollen wissen, tun und handeln. Dem wollen wir entgegensteuern. Das Thema ist zu wichtig und kann nicht den Experten überlassen bleiben. Es muss uns allen ein Anliegen sein. Dieses Buch soll vor allem einen Beitrag dazu leisten, dass der einzelne Erwachsene den Mut findet, entschieden gegen Gewalt aufzutreten und verantwortungsbewusst zu handeln. Denn der heutige Umgang mit dem Thema ist der Nährboden dafür, dass eine Jugend, die vor noch nie dagewesenen Herausforderungen steht, in der Verherrlichung von Gewalt etwas Kultartiges findet.

Was erwartet Sie nun in den einzelnen Kapiteln des Buches?

Im ersten Kapitel wollen wir uns anhand ausgewählter Fallgeschichten dem Thema annähern und schließlich Gewalt und Aggression im Lichte verschiedener Definitionen darstellen. Davon leiten wir eine Definition von Jugendgewalt ab, die als Basis für unsere weiteren Überlegungen dient.

Das zweite Kapitel gehört der Soziologie. Wir ziehen Theorie und Praxis zurate, um zu klären, inwieweit Gewalt ein soziales Phänomen ist. Nach einer kurzen Geschichte der Jugendgewalt bzw. des Begriffs der Jugendgewalt finden Sie in diesem Kapitel Überlegungen zur Situation der Jugend heute am Beginn des 21. Jahrhunderts, einer Zeit, die für Jugendliche nicht herausfordernder sein könnte. Kernpunkt des Kapitels ist ein Überblick über Facetten von Jugendgewalt. Neben Überlegungen zu Delinquenz und Gewalttätigkeit von Jugendlichen liegt das Augenmerk auf neueren Formen der Jugendgewalt. Wir zeigen auf, wie Ressentiments gegen Fremde und Gewalt von ausländischen Jugendlichen einander möglicherweise wechselseitig bedingen. Die Rolle nicht nur rechtspopulistischer Politik im Umgang mit berechtigten Sorgen der Menschen wird beleuchtet. Weitere Unterkapitel haben die Themen Amoklauf in der Schule, Gewaltvideos am Handy sowie die herausfordernde Tatsache, dass Computerspiele aus Kindern potenzielle Killer machen können, zum Inhalt. Danach folgen Unterkapitel zu Gewalt in der Sprache und Mobbing. Thesen zur Rolle von Gewalt, Jugendgewalt heute sowie zum Jugendkult beschließen den soziologischen Abschnitt.

Das dritte Kapitel ist der Psychologie gewidmet. Was läuft in der Seele ab bzw. welche Faktoren beeinflussen die Seele von Jugendlichen, damit es zu Gewalt kommt? Unser Blick in die Neurobiologie und Neuropsychologie soll das Verständnis von Aggression »vom Kopf auf die Füße« stellen. Wir stellen zur Diskussion, dass Aggression eine durchaus angelegte Verhaltensdisposition ist, die eigentlich einem biologischen Grundbedürfnis des Menschen dienlich ist, nämlich jenem nach Beziehung und sozialem Zusammenhalt. Das Verhältnis von Beziehung und Aggression ist der Schlüssel zum psychologischen Verständnis auch brutalster Formen von Gewalt und Aggression bei Jugendlichen. Ein ganzes Unterkapitel ist der psychologischen Betrachtung des Verhältnisses von »Gut und Böse« und der Diskussion sozialpsychologischer Faktoren gewidmet, unter denen jeder Mensch »böse« werden kann.

Den Abschluss bildet ein systemisch-psychologisches Prozessmodell (was für ein Wortungetüm!) der Aggressionsentstehung bei Jugendlichen. Es soll helfen zu verdeutlichen, wie es zu Aggression kommt, und erste Hinweise darauf liefern, was wir tun können.

Kapitel vier beschäftigt sich mit der Ohnmacht und Hilflosigkeit, die zu Hause, in Schulen und in der Gesellschaft allgemein immer wieder aufkommen, wenn es um Jugendgewalt geht. Der Fall des jungen Nico wird uns dabei durch die Dilemmata begleiten, in die »gewalttätige« Jugendliche, Eltern, Erzieher und auch Therapeuten geraten. Gezeigt wird, wie der Wunsch nach Änderung ohnmachtsverstärkend wirken kann und dies auch bei durchaus gut gemeinten therapeutischen Versuchen der Fall sein kann. Haim Omers Präsenzmodell soll erste Wege aus Ohnmacht und Hilflosigkeit aufzeigen und darauf hinweisen, auf wen es ankommt: auf jeden Einzelnen von uns.

Das Schlusskapitel bietet hoffentlich nützliche Überlegungen für jeden, um gut mit dem Phänomen »Jugendkult Gewalt« umgehen zu können, sowie Anregungen zur Verbesserung unserer Handlungsfähigkeit. Wir werden zeigen, warum »Wegschauen« verständlich ist, obwohl wir zugleich wissen, dass es nichts bringt. Philip Zimbardos Idee vom »Neuen Heldentum« soll einen Weg aufzeigen, wie jeder von uns zum Handeln kommen kann. Ein »Strudelwurm« und Ideen der Positiven Psychologie schließlich mögen helfen, die entsprechende Motivation zu entwickeln. Elf Tipps laden abschließend zum Nachdenken und Ausprobieren ein.

Das Buch »Jugendkult Gewalt – Was unsere Kinder aggressiv macht« soll zu Diskussion und Auseinandersetzung anregen. Deshalb wurde auch großer Wert darauf gelegt, möglichst verständlich zu sein. Manches ist aus diesem Grund durchaus provokant formuliert. Es geht uns auch um die Sichtbarmachung »Schwarzer Gedanken« zum Thema, die oft einfach nicht ausgesprochen werden. Dabei gibt es einen gewissen Österreichbezug, weil wir nun einmal Österreicher und Grazer sind. Wir hoffen, dass die Umlegung auf ihr Land und ihre Region reizvoll ist.

Bewusst verzichtet haben wir auch auf eine wissenschaftliche Schreibweise mit Fußnoten und Literaturverweisen im Text. Eine kleine Literaturliste lädt zum Weiterlesen ein. Weiterführende Literatur zum Thema finden Sie auf der Homepage www.jugenkult-gewalt.com.

Jedes Kapitel wurde so abgefasst, dass es für sich allein lesbar ist. So können Sie auch weiter hinten im Buch zu lesen beginnen, ohne Gefahr zu laufen, etwas nicht zu verstehen. Wir wünschen uns, dass die Lektüre des Buches bei Ihnen viele wertvolle und vielleicht auch neue Gedanken in Bezug auf unsere Kinder und Jugendlichen aufkommen lässt.

KAPITEL 1

Jugendgewalt – Annäherung an ein Phänomen

SZENEN DER GEWALT

Markus, 13; 7 Jahre – die Bestie

Markus wirkt an diesem Morgen beim Frühstück auf seine Eltern ganz ruhig. Alles scheint wie immer. Innerlich aber ist der Jugendliche bis zur Unerträglichkeit angespannt. Er bekommt kaum etwas bewusst mit. Alles läuft wie in einem inneren Film ab, was aber niemandem auffällt. Alles geht seinen normalen Gang am Frühstückstisch, völlig nebeneinander, wechselseitig unbemerkt.

Heute wird es dazu kommen. Alle sollen endlich sehen, was er kann. Seine Mitschüler, die ihn hänseln, seine Lehrer, die ihm vermitteln, er würde es zu nichts bringen, eine höhere Schule nicht schaffen. Lange hat er sich auf diesen Moment, diesen ganz besonderen Tag, *seinen* Tag, vorbereitet und ist den Ablauf immer wieder im Geist durchgegangen. Markus plant alles: Von der Ankündigung, damit jeder weiß, dass er es gewesen ist, der es nun allen gezeigt hat, bis zur Beschaffung der Waffe seines Vaters. Schon lange hat er diese Gedanken im Kopf. Sie lassen ihn nicht mehr los, haben sich festgesetzt, alles dreht sich schon lange um diesen Moment.

Ursprünglich hätte es ein richtiger Amoklauf an seiner Schule werden sollen, erzählt Markus in der Therapie. Diese Schule, das ist genau jener Ort, an dem er sich so tief gedemütigt fühlt. Schließlich kommt Markus aber davon ab. Seine Angst, dabei erschossen, getötet zu werden, sei einfach zu groß gewesen. Diese Angst sei durch seine Nachforschungen im Internet genährt worden. Selbstmord begehen oder getötet werden, das wolle er nicht.

So steckt Markus nach dem Frühstück »nur« ein Küchenmesser in seine Hosentasche. Damit wird er es Schulkameraden und Lehrern schon auch zeigen. Alle sollen es sehen und alle sollen es endlich wissen: Auf ihm darf nicht mehr herumgetrampelt werden. Zu lange trägt er das schon mit sich herum, hat nie etwas gesagt. Seine Freunde hätten ihn immer links liegen gelassen und gehänselt, weil er zu langsam und zu dick (»blad«) für einen guten Fußballer sei. Äußerlich hat sich Markus nie etwas anmerken lassen. Er hat gute Miene zum bösen Spiel gemacht und gehofft, es werde einmal enden. Auch zu Hause sagt er nichts. Zum Beispiel vom »Menschenhaufen«. Beim Fußballspiel werfen sich die Schüler nach einem Tor auf einen Haufen. Das soll ein Spaß sein. Markus schießt nie ein Tor, beim Haufen kommt er dran. Er liegt immer ganz unten, was alles andere als Spaß ist. Langsam kriecht in ihm das Gefühl hoch, immer der Letzte zu sein. Doch damit wird jetzt Schluss sein, auch Schluss mit dem immer Lächeln und Nettsein.

An diesem Morgen betritt Markus seine Schule und geht wie jeden Tag zu seiner Klasse. An der Klassentür steht Elvira, eine Mitschülerin. Dieser rammt Markus wortlos das Messer in die Brust. Elvira sackt schwer verletzt wie leblos auf den Fliesenboden am Gang des Schulgebäudes.

Elvira überlebt nur knapp und zum Glück ohne gravierende körperliche Folgeschäden. Markus erzählt bei der Einvernahme, dass es auch jemand anderer hätte sein können. Ganz egal wer. Er wollte sich nur endlich einmal von den anderen abheben und herausragen.

Da Markus zum Zeitpunkt der Tat noch nicht 14 Jahre alt ist, wird er nicht strafrechtlich verfolgt. Er wird aber über ein Jahr stationär in der Kinder- und Jugendpsychiatrie aufgenommen und genauestens untersucht. Eine beginnende paranoide Schizophrenie mit Überwertigkeitsgedanken wird diagnostiziert und eine intensive psychotherapeutische und medikamentöse Behandlung beginnt.

Von seinem Umfeld wird Markus abgeschrieben, keiner seiner damaligen Freunde, Mitschüler, Bekannten und Lehrer gibt dem Jugendlichen eine Zukunft. Das Stigma der »Bestie« macht die Runde. Nur seine Eltern stehen zu ihm, sind aber überfordert, hilflos, verzweifelt und »mauern«. Was wiederum schnell zu deren Stigmatisierung als seltsam und eigenartig führt. Man habe es von denen eigentlich schon immer gewusst ...

Doch Markus »die Bestie« überrascht mit seiner weiteren Entwicklung. Er nützt den stationären Aufenthalt in der Kinder- und Jugendpsychiatrie und die einsetzende intensive psychologisch-therapeutische Betreuung, um – wie er selbst sagt – zu erkennen, wie sozial isoliert er gewesen sei, wie unfähig, das auszusprechen, was ihn bewegte. Es sei gut gewesen, einmal weg zu sein vom behüteten Zuhause. Das Krankenhaus sei eine richtige Lebensschule: Markus hilft seine Intelligenz, den nötigen Zugang zu sich und zur Tat zu finden und sich emotional zu öffnen. Auch die Familie öffnet sich.

Und Markus verwirklicht seinen Traum von der Höheren Schule. Heute hat er eine Höhere Technische Lehranstalt absolviert und geht einer geregelten Arbeit nach. Keiner sieht Markus, diesem freundlichen, gut integrierten jungen Erwachsenen heute seine Vergangenheit an. Die Bestie hat ihr Gesicht verloren.

Was hat Markus, den immer Höflichen, Stillen, dazu gebracht, seine Schulkameradin niederzustechen? Seine Veranlagung, die Umstände, das System? Wird er wieder rückfällig, wird er wieder gewalttätig? Warum hat er es entgegen allen Prognosen anscheinend geschafft? Wer oder was hat ihm geholfen? Wenn man Markus Glauben schenken darf, war es keineswegs die Therapie, die Einsicht und Erklärungen von ihm wollte. »Therapieren« lasse er sich nicht, aber beim gemeinsamen Tun und im Gespräch konnte man ihm begegnen.

Was hilft jetzt, oder liegt es nur an der Person selbst?

Fragen wie diese beschäftigen Eltern, Erzieher, Therapeuten und, wenn die Tat tragische Dimensionen annimmt, auch Öffentlichkeit und Politik. Dabei ist das nur eine Facette von Jugendgewalt.

Sascha, 15; 5 Jahre – der »rechte« Schläger

Sascha plagt sich in der Berufsschule. Das Lernen geht dem Jugendlichen nicht leicht von der Hand, vor allem in den Gegenständen Mathematik und Englisch hat er große Probleme. Sascha ist vor kurzem mit seiner Mutter zu deren neuem Lebensgefährten in einen gemeinsamen Haushalt gezogen. Dieser lässt kein gutes Haar an Sascha, nichts passt, nichts kann der Jugendliche recht machen. Mehrmals am Tag bekommt er die Botschaft, er sei dumm und eigentlich zu nichts nutze. Er solle doch froh sein, hier mit seiner Mutter wohnen zu können. Das setzt Sascha ziemlich zu, macht ihn unsicher und wütend. Dass er nichts wert sei, nein, damit will er sich nicht abfinden.

Und Sascha entdeckt seine Stärke. Er ist ein athletisch und muskulös gebauter, kräftiger, gewandter Jugendlicher. Seinem Frust lässt er zunächst in Streitigkeiten mit der Mutter freien Lauf. Seine Stärke demonstriert er, indem er mit bloßen Fäusten den Kühlschrank bearbeitet. »Der sieht schon aus wie ein zerbeultes Auto«, berichtet er stolz. Gegen den Lebensgefährten vorzugehen traut sich Sascha noch nicht.

Via Internet, das er mit Zustimmung der Mutter unkontrolliert benutzen kann, weil der ansonsten Ruhelose so Ruhe gibt, findet er auch jenen Halt, den er zu Hause vermisst. Er entdeckt den Neonationalsozialismus, dessen Symbolik und Rhetorik der vollkommenen Stärke. Bei seinen Streifzügen durch die Stadt findet er dann auch rasch Anschluss an die Neonaziszene.

Hier, in dieser Gruppe, zählt Sascha etwas, auch mit seinen Fäusten. Er hat das erste Mal in seinem Leben das Gefühl, etwas wert zu sein. Die Gruppe hält zusammen, gegen die Türken, die Albaner, die Neger, das Ausländerpack.

Sascha hat das innerlich tiefe Gefühl, seinen Platz gefunden zu haben. Er trägt seine Gesinnung und Überzeugung zur Schau, durch seine Kleidung, seinen Haarschnitt. Sein Zimmer dekoriert der Jugendliche mit Utensilien und Symbolen des Dritten Reiches wie einer »echten Hakenkreuzfahne«, einem nicht ganz so echten Ritterkreuz, Symbolen der Waffen-SS usw. Es geht Sascha dabei auch darum, den Lebensgefährten der Mutter zu treffen. Dieser ist nämlich passenderweise antifaschistisch engagiert.

Niemand darf Saschas Zimmer ohne dessen Erlaubnis betreten. Jedem, der dies wagte, droht der Jugendliche körperliche Gewalt an. Keiner traut sich, auch der Lebensgefährte der Mutter nicht mehr. Sascha erfährt so in seinem Leben das Gefühl von Bedeutung und Selbstwert. Alle zu Hause gehorchen, tanzen nach seiner Pfeife, die Mutter und ihr Lebensgefährte.

Der Frust bleibt trotzdem, denn näher kommt Sascha mit diesen Aktionen seiner Mutter nicht. Um diesen Frust abbauen zu können, hat er eine Art Ritual entwickelt. Wenn es ihm ganz schlecht geht, zieht er mit seiner Clique nächtens durch die Stadt und verprügelt »Aso-Zecken«. »Aso-Zecken« sind Punks und asoziale Penner, die am Hauptplatz der Stadt, in der Sascha wohnt, »abhängen«.

Es vergeht auch kaum ein Besuch in der Diskothek, bei dem nicht ein »Türke« die Mädels der jungen Neonazis »schief« ansieht. Das ist eine wünschenswerte Provokation, die mit Prügel bestraft wird. Sascha hat so eine stolze Anzahl von Anzeigen und Verurteilungen wegen Körperverletzung gesammelt.

Als dann Gefängnis droht, wird es Sascha doch etwas zu steil. Er ist – wenn auch widerwillig – bereit eine Therapie zu machen. Die Aussicht auf »Häfen mit den Ausländern«, bei den »Schwulen« – das tut der »arischen« Seele weh.

Der Therapeut hat es nicht leicht mit Sascha. Er tut aber genau das Richtige. Statt zu belehren, zu analysieren und darauf hinzuweisen, was eigentlich angesagt sei, bittet er Sascha von sich zu erzählen und hört einfach einmal zu.

Und zu berichten hat Sascha durchaus viel. Plötzlich fühlt er sich aufgehoben und geborgen, empfindet so Gefühle, die ihm früher nur die Gruppe vermitteln konnte. Der Therapeut hält den Klienten aus und dieses »Aushalten« ist zentral für Sascha und führt zum Gefühl des Angenommenseins. Von Sitzung zu Sitzung sinkt die Zahl, wenn der Therapeut wohlwollend provokant nach den Taten fragt, die eigentlich strafbar wären. Sascha beginnt sich von der Gruppe der Neonazis zu distanzieren. Als hilfreich dabei erweist sich, dass er von seinem ersten Mädchen verlassen wird, nachdem sie sein Zimmer betreten hat. Sascha kann auch darauf verzichten, aus Frust »Zecken« zu verprügeln, und findet eine neue Beziehung.

Daneben trainiert er weiter hart in einem Fitnessstudio und in seinem Boxclub. Beim Kickboxen ist er recht erfolgreich. Als er seine Lehrstelle aufgrund des Konkurses seines Arbeitgebers verliert, beschließt er, seinen Kampfsport professionell auszuüben. Heute ist Sascha einer der bekanntesten und erfolgreichsten Cage-Fighter seiner Gegend. Privat ist er als äußerst friedlich bekannt.

Was ist da passiert? Ist es Sascha gelungen, seine Wut für sich in positivem Sinne nutzbar zu machen? Hat er seine Aggressionen kanalisiert, sie im wahrsten Sinne des Wortes in den Käfig gesperrt?
Wie wurde Sascha nun gewalttätig? Ist seine Aggression das Resultat eines langen, unaufhaltsamen Prozesses der Abwertung und Entwertung? Wie ist der Anschluss an die Neonaziszene zu werten? Ist das eine Frage der Gesinnung oder eine Suche nach Halt? Wann sind Kinder gefährdet, sich gewalttätigen Gruppen anzuschließen, nennen wir sie nun Neonazis, Hooligans oder die Freunde aus der Nachbarschaft?

Marcel, 14 Jahre, Jakob, 14 Jahre, Andreas, 15 Jahre –»Sensation Seeking« am Kinderspielplatz

Marcel, Jakob und Andreas ist den ganzen Tag über langweilig. Zu Hause wartet niemand auf die Jugendlichen. Ihre Mütter/Eltern haben keine Zeit. Sie »müssen« arbeiten, meistens von früh bis spät. Ein bisschen mehr Geld soll in die Haushaltskasse hereinkommen. Damit es den Kindern später dann einmal besser geht. Für den »schönen« Urlaub im nächsten Sommer. Die Eltern von Marcel und Andreas, alle Akademiker, können das Arbeiten einfach nicht lassen, genug hat man ja nie. Auch Jakobs Mutter arbeitet hart an ihrer beruflichen Karriere.

Marcel, Jakob und Andreas haben sich im Park auf dem Kinderspielplatz gefunden, wo sie gemeinsam abhängen. Jeden Tag in die Schule gehen, ist längst zu öd. Zu dritt sind sie eine Macht. Immer wieder fallen ihnen »Streiche« ein, die friedliche Passanten in Angst und Schrecken versetzen.

Der Schule fällt das Treiben der Jugendlichen natürlich auf. Die Eltern werden kontaktiert. Diese antworten desillusioniert, was sie denn machen sollten. Die Kinder folgten nicht, sie hätten ohnehin schon alles probiert.

Mit Rauschgift und Alkohol haben die Kids nichts am Hut. Es muss vielmehr Action sein. Wenn man sich ins Koma säuft, spürt man sich nicht. Alko-Leichen im Park sind Versager, Penner. Da ist es schon besser, Wege zu finden, sich das Geld selbst zu »besorgen«, um den ganzen lieben Tag rumzukommen. Schließlich will man sich was gönnen, braucht das nötige Kleingeld für die Spielautomaten. Nötig hätte man das nicht, aber das ist halt gerade spannend. Marcel, Jakob und Andreas überfallen also nette ältere Damen und rauben diese aus. Das funktioniert blendend. Die vor Angst erstarrten Frauen wehren sich nicht, sind hilflos und lassen den Raub geschehen.

Aber eines Nachmittags beginnt eines der Opfer plötzlich laut zu schreien. Marcel, Jakob und Andreas bekommen es mit der Angst zu tun. Mit dem Baseballschläger, der immer dabei ist, zerschmettert einer der jungen Täter – Marcel – der Sechzigjährigen das Knie und raubt ihr die Geldbörse.

Die Zeitungen tags darauf sind voll von Nachrichten über diesen Akt der Brutalität. Psychologinnen und Psychologen geben wie bestellt ihre Stellungnahmen ab. Marcel, Jakob und Andreas übersiedeln ins Untersuchungsgefängnis. Marcel bleibt für längere Zeit dort.

»Wie kann es zu so etwas kommen?«, fragen wir uns. Wie ist ein derartiger Akt der Brutalität durch so junge Menschen möglich? Das sonst so klassisch prognostizierte »broken home« der Jugendlichen kann es nicht sein.

Ist es pure Langeweile, die reine Lust auf Gewalt? Ist es die Suche nach Abwechslung und neuen Erlebnissen, um eine ständige Spannung zu erleben? Sind Marcel, Jakob und Andreas sogenannte »Sensation Seeker«, also Jugendliche, die von ihrer Veranlagung her einen besonderen Thrill brauchen, weil bei ihnen die Schwelle für ein optimales Erregungsniveau relativ hoch liegt? Sie versuchen sich durch Reizumgebungen selbst optimal zu stimulieren, um den »Thrill« aufrechtzuerhalten. Sind solche Sensation-Seeker-Kinder von ihrer Persönlichkeit her prädestinierte Gewalttäter oder fehlt es ihnen an Halt, Orientierung und Präsenz?

Marie, 13; 5 Jahre – Jetzt wird zugeschlagen!

Marie hat sich entschieden. Seit Kurzem schlägt sie zu, und zwar immer dann, wenn ihr etwas nicht passt, so richtig gegen den Strich geht. Marie ist dreizehneinhalb, wirkt aber wie achtzehn. Sie ist groß, mollig und stark, mit einem hübschen Gesicht. »Das mit dem

Zuschlagen klappt immer gut«, sagt sie. »Da wollte mir doch eine Freundin meinen Philipp ausspannen. Eine ins Gesicht – und sie hat es nie mehr versucht«, erzählt sie stolz lächelnd. Ihre Mutter schlägt Marie noch nicht. Sie lässt sich von dieser aber auch nichts sagen und setzt sich mit durchaus deftigen Worten – schön obszön – durch, obwohl das Mädchen Mittelschulniveau hat.

Ihren Vater, einen Offizier des Heeres, hasst sie. Sie will ihn nie mehr wieder sehen. Er habe sie und die Mutter verlassen, sagt sie in einer ruhigen Minute und sei auch immer grob gewesen.

Noch ein Geheimnis hat Marie: Im Alter von zehn oder elf wurde sie sexuell missbraucht. Das hat sie bisher noch niemandem gesagt, nur einmal ihrer behandelnden Therapeutin anvertraut, alles hat sie in sich hineingefressen. Jetzt ist Schluss damit, jetzt wird zugeschlagen.

Können wir hier überhaupt von Gewalt reden? Ist es nicht rechtens, wenn ein missbrauchtes Mädchen beginnt sich zu wehren? Läuft hier nicht die Dynamik eines Traumas ab? Macht diese Aggression nicht Sinn? Ist das Mädchen Täter oder vielmehr Opfer?

Robert, 16; 11 Jahre – Amok in der Schule

»Morgen können sich alle auf was gefasst machen. Morgen gehe ich in die Schule, mit meiner Pistole, und knalle sie ab, die, die mir das angetan haben. Die Lehrer und die Arschlöcher von Klassenkameraden und Kameradinnen«, schreibt der fast 17-jährige Robert im Internet-Chatroom.

Seit Jahren fühlt er sich benachteiligt, da er so schmächtig und unscheinbar ist. Er kann nicht ausdrücken, was er eigentlich will. Keiner mag ihn, keiner hört ihm zu. Und immer wieder diese Demütigungen. Die Klassenkameraden, das ergeben spätere Nachfragen, gehen wirklich nicht zimperlich mit Robert um. Sie haben Spaß daran, ihn zu hänseln, ihn auszuschließen und aufs Korn zu nehmen. Nur mit Spaß hat das schon lange nichts mehr zu tun. Er, der Schmächtige, der Unscheinbare, mit der blassen Haut, der Brille und den leicht ins rötliche gehenden Haaren. Beim Sport ist er sowieso ein Niemand. Er wird ausgelacht, wenn er in Mathematik wieder einmal etwas nicht versteht, sich an der Tafel blamiert. Und seine Musik, diesen Rapp, halten alle nur für dümmlich, ein Talent zum Singen hätte er wirklich nicht.

Robert igelt sich ein, mit seiner Wut auf sich selbst und seine Umgebung, den Stiefvater und seine Mutter, die ihn mit ihrer Zuneigung und Liebe förmlich erdrückt.

Robert kündigt auch das Datum seines Amoklaufes an. Ehe er sich's versieht, ist er in Polizeigewahrsam. Seine Schule wird von Polizeibeamten durchsucht und gesichert. Nein, er habe das alles nicht ernst gemeint. Robert kann seine Nicht-Absicht glaubhaft machen, um zwei Tage später wieder eine ähnliche Mitteilung im Internet via Chat zu veröffentlichen.

Was ist los mit Robert? Auf den ersten Blick wirkt er wie ein höflicher, bescheidener, zurückgezogener junger Mann, der alles mit einem Lächeln erträgt. Auch das offensichtliche Mobbing in der Schule. Mit seinen Gefühlen kann Robert schlecht umgehen, sagt seine Mutter. Er hat alles bekommen, z. B. ein kleines Studio für seine Rapmusik, denn sein Traum ist es, ein Großer, ein Rap-Star zu werden. Er will berühmt werden, anerkannt sein. Zeit, eine Arbeit zu suchen, hat er nicht. Ist Robert nun ein Gewalttäter? Ist das ein Amokläufer der Zukunft? Gehört Robert weggesperrt, für alle Zeiten?

Ähnliche Szenen wie diese, Szenen der Gewalt in den Medien unseres Landes sind ihnen sicher bekannt. Sie passieren immer wieder. Man gibt sich schockiert, überrascht, entsetzt. Wie kann eine solche Gewalt, verübt von Kindern und Jugendlichen, bei uns passieren? Es wird dann reflexartig versucht, Erklärungen bei der Hand zu haben. Fachleute treten auf, bekommen Zeit und Raum in der Öffentlichkeit, um im Nachhinein das Warum zu erklären, versuchen das Geschehene irgendwie einzuordnen. Klare Antworten aber bleiben aus. Einmal ist es das Elternhaus, die Erziehung, einmal die Schule, dann wieder das Milieu, die Peers, gesellschaftliche Verhältnisse.

Und es muss dringend etwas getan werden, entschiedenes Entgegentreten und Reagieren wird gefordert. Nach einigen Tagen scheint dann aber wieder alles im alten Trott zu marschieren – bis zum nächsten Mal. So geht zumindest den Medien der Stoff nie aus.

Jugendgewalt ist ein Thema, über das es zu reden gilt. Wie Gewalt bei unseren Kindern entsteht und wie sie wirkt, ist heute zweifellos ein Thema. In schöner Regelmäßigkeit, alle paar Monate aus gegebenem Anlass irgendwelche rasche Lösungsansätze parat zu haben, wird nicht ausreichen, um das Phänomen Jugendgewalt in den Griff zu bekommen.

Es bedarf vielmehr einer gründlichen, systematischen Auseinandersetzung mit den Faktoren der Entstehung von Jugendgewalt, mit ihrem möglicherweise versteckten Sinn und ihren Botschaften. Das schulden wir unseren Kindern und Jugendlichen, aber auch dem Anspruch an eine lebenswerte Gesellschaft, die letztlich an ihren Kindern und Jugendlichen gemessen wird.

Die nähere Beschäftigung mit dem Thema Jugendgewalt fördert schnell eines zutage: Es findet sich eine Unmenge an Begriffen und Begriffsbedeutungen, die in der Fachliteratur herumschwirren. Rohe Gewalt, Aggression, Bullying, Mobbing, Amok ... was meint was? Zunächst gilt es zu klären, wovon wir sprechen, um eine Unschärfe in unserer Auffassung von Jugendgewalt zu vermeiden. Im Folgenden finden sich kurze Überlegungen zu den beiden wichtigsten Begrifflichkeiten, die sie in diesem Buch begleiten werden: Aggression und Gewalt.

AGGRESSION UND GEWALT – UNSER KLEINES WÖRTERBUCH

Was fällt Ihnen spontan, in ein oder zwei Worten, ein, wenn sie die Schlagworte Aggression und Gewalt hören? Wahrscheinlich geht es Ihnen wie 95 Prozent der Bevölkerung auch. Gewalt und Aggression haben in unserer Gesellschaft eine negative Konnotation.

Gewalt und Aggression sind Hauptverursacher von Leid, Schmerz, Qual und Demütigung. Sie sind Quellen des Unglücks für Menschen und Gesellschaften und daher gilt es, ihnen entschieden entgegenzutreten. Gewalt- und aggressionsfrei soll die vielversprechende Zukunft einer sich neu erfindenden friedliebenden Gesellschaft sein. Das war schon die frühe romantische, beinahe utopisch anmutende Vorstellung vieler Visionäre und Science-Fiction-Schriftsteller der letzten Jahrhunderte.

Versuchen wir nun, die uns so geläufige, im Kern »böse« Bedeutung dieser Wörter Gewalt und Aggression beiseitezuschieben. Nehmen wir die unseren Blick trübende Brille ab und erforschen wir den weiteren Bedeutungsraum dieser Wörter. Dann wird erkennbar, dass deren negative Bedeutung nur aus ihrer bei uns üblichen Verwendung resultiert.

Begriffe wie »legislative und exekutive Gewalt«, »Gewaltenteilung« haben Sie sicher schon gehört, gelesen oder selbst verwendet. Ihnen gefällt vielleicht eine aggressive Werbung, ihr Sohn ist vielleicht vom aggressiven Angriffsfußball einer brasilianischen

Mannschaft begeistert usw. Hier sind die Wörter nicht mehr negativ behaftet.

In der Linguistik, der Sprachwissenschaft, sind Wörter in semantischer Hinsicht kleinste, relativ selbstständige Träger von Bedeutung. Die Bedeutung von Wörtern wird aber auch von ihrem Äußerungskontext, also dem Zusammenhang ihrer Verwendung, mitbestimmt. Sie ist also nicht für sich greifbar, sondern wird es dadurch, dass wir den Zusammenhang kennen, in dem wir diese Wörter verwenden. Den Alkohol zum Beispiel kennen wir aus der bei uns gebräuchlichen Hausmedizin als Mittel zur Sterilisierung einer Wunde. Hier kommt ihm eine höchst positive Rolle zu. Im Zusammenhang mit Trunksucht, jugendlichem Komasaufen und Co. ist Alkohol aber gesellschaftlich negativ bewertet.

Wörter bekommen also im Kontext ihres Gebrauches Sinn. Wollen wir uns dem Phänomen der Jugendgewalt systematisch und fundiert nähern, lohnt es sich, einen Blick auf die Abstammungs- und Bedeutungsgeschichte der Wörter Gewalt und Aggression zu werfen. So gelingt es, den diesen Begriffen zukommenden ganzheitlichen Bedeutungsraum zu fassen.

Abstammungs- und Bedeutungsgeschichte zweier Antiwörter unserer Zeit: Aggression und Gewalt

Gewalt – das Wort mit den zwei Seelen
Nach dem deutschen Pädagogen Johannes Krall hat das Wort Gewalt indogermanische und althochdeutsche Wurzeln. Es meint in seiner ursprünglichen Bedeutung »walten«, »Macht ausüben«, »beherrschen«, »führen«, »organisieren«. Der Gewaltbegriff zeichnet sich also unmissverständlich durch eine ursprünglich neutrale Bedeutung aus, im Sinne des etwas bewirken Könnens, auch wenn uns ein positives Gesicht des Wortes nicht gefallen mag.

Heute finden sich im Wort Gewalt drei nebeneinanderstehende Aspekte: (1) körperliche Kraft und Stärke, (2) verletzende Gewalttätigkeit und (3) Macht oder staatliche Gewalt. Im Deutschen ist die daraus resultierende Doppeldeutigkeit, nämlich das positive und das negative Gesicht von Gewalt in ebendiesem Wort, begrifflich unaufgelöst.

Die Engländer haben es hier leichter. Sie können die Worte »*violence*« und »*power*« verwenden, um diese scheinbar widersprüchliche Deutung aufzulösen. Das Wort »*violence*« hat hierbei eine landläufig negative, das Wort »*power*« eine positive Bedeutung.

Was ist nun »power«?
Ganz offensichtlich etwas Machtvolles, worüber man verfügen kann, um etwas zu erreichen.

Usain Bolt hat die nötige »*power*«, um einen 100-Meter-Lauf zu gewinnen. Erzieherische Gewalt ist »*power*«, um Kinder und Jugendliche bestmöglich in ihrer Entwicklung zu fördern.

»*Power*« meint auch immer staatliche Gewalt. Seit jeher wurde sie dazu eingesetzt, um Herrschafts- oder Machtverhältnisse durchzusetzen. Dabei kam es auch immer wieder zum Einsatz destruktiver Formen von Gewalt, »*violence*«.

In Demokratien gehen wir heute davon aus, dass die Gewalt oder Macht vom Volk ausgeht. Zumindest herrscht weitläufige Übereinkunft darüber, dass unsere Gesellschaft so funktioniert. Gewalt ist in diesem Sinne ein regelndes, strukturierendes Prinzip zum Wohle aller in einer Gemeinschaft Lebenden.

Spätestens hier wird klar, was es für Gewalt im positiven Sinne braucht: die direkte oder indirekte Zustimmung jedes Einzelnen zur Sinnhaftigkeit eines solchen Regelwerks. Fehlt diese Zustimmung beim Einzelnen oder mehreren, so ist Gewalt in Form von »*power*« nicht mehr wirksam, sie schlägt dann oft um in sinnlose, destruktive Gewalt, eben »*violence*«.

Gewalt, das mag provokant klingen, ist somit, zusammenfassend gesagt, ein notwendiges, reglementierendes Prinzip in unserer Gesellschaft, um Ordnungen und Strukturen zu schaffen und aufrechtzuerhalten. In diesem Sinne sprechen wir beispielsweise von gesetzgebender (legislativer) und ausführender (exekutiver) Gewalt usw.

Die Wirksamkeit einer reglementierenden Gewalt, einer Ordnung ist, wie bereits weiter oben ausgeführt, dann nicht gegeben, wenn Menschen dieser nicht zustimmen. Führen wir das anhand unserer Gesetze aus und nehmen wir als Beispiel die rote Ampel.

Jeder vernünftige junge Österreicher, der im Besitz eines neuen Mopedführerscheins ist, bleibt mit seinem Mofa bei einer roten Ampel stehen. Zumindest in Österreich herrscht Konsens darüber, dass das Stehenbleiben bei roten Ampeln sinnvoll ist und zum Schutze aller Verkehrsteilnehmer dient. Es wird daher auch als sinnvoll erachtet, bei Übertretung dieses Gebots exekutive Gewalt in Form eines Organstrafmandats walten zu lassen, unabhängig davon, ob sich der Jugendliche ärgert, oder nicht.

Wechseln wir nun nach Rom. Wer hier nach 1 Uhr morgens bei einer roten Ampel stehen bleibt, zieht sich leicht den Ärger der aus dem Finsteren auftauchenden Gestalten auf Rädern zu. Die von einer Regelung, einer Gesetzgebung ausgehende Gewalt gibt es hier nicht mehr. Sie ist wirkungslos, da sie in diesem Rahmen kaum Zustimmung findet. Wenn der nichts ahnende österreichische Italienurlauber darauf besteht, könnte er leicht den frühmorgendlichen Zorn der jungen römischen Moped-Gigolos auf sich ziehen. In Form greller Hupkonzerte, deutlicher Handzeichen und unmissverständlicher Zurufe würden zumindest Vorboten der anderen Seite von Gewalt über den unglücklichen österreichischen Autofahrer hereinbrechen.

Wie sieht es eigentlich mit Ihrer Zustimmung zur Gewalt reglementierender Gesetzesvorschrift aus, wenn Sie vor einer roten Fußgängerampel stehen und weit und breit kein Auto kommt?

Was ist nun »violence«?

Hier geht es zunächst um den Einsatz von Machtmitteln ohne das Einverständnis des anderen, um den Einsatz von Mitteln zur körperlichen und/oder seelischen Verletzung oder Zerstörung anderer. Zu »*violence*«, der negativ-destruktiven Form von Gewalt, kommt es oft dann, wenn eigene Interessen gefährdet sind. Das kann der Fall sein, wenn Besitz oder Einfluss herrschender Cliquen gefährdet sind oder Eltern sich in ihrer Stellung bedroht fühlen. Das ist der Unterschied zur erzieherischen Gewalt, die immer auch den Konsens mit den zu Erziehenden und die Bindung zu diesen braucht. Wer erzieherische Gewalt einsetzt, um seine Interessen durchzusetzen, gerät schnell in den Strudel von »*violence*«.

Im Bedeutungsrahmen von »*violence*« liegt auch Johan Galtungs Definition von struktureller Gewalt: Strukturelle Gewalt liegt dann vor, wenn Menschen so beeinflusst werden, dass ihre aktuelle somatische (körperliche) und geistige Verwirklichung geringer ist als ihre potenzielle (Selbst-)Verwirklichung. D. h. gesellschaftliche soziale Verhältnisse behindern Menschen in ihren Entfaltungsmöglichkeiten. Ein Beispiel dafür wäre die Diskriminierung von Frauen. Man könnte das auch die gesellschaftliche Form von »*violence*« nennen.

Strukturelle Gewalt begünstigt individuell gewalttätiges Handeln, z. B. gegen Frauen, Kinder, Andersdenkende, Angehörige von Minderheiten usw. Umgekehrt können sogenannte Opfer struktureller Gewalt auch individuell gewalttätig werden, wenn etwa Jugendliche Autos anzünden. Hier bestehen Wechselwirkungen. Uns ist es wichtig, dass auch die individuelle Seite und Verantwortlichkeit von Gewaltausübung im Sinne von »*violence*« hervorgehoben wird und nicht hinter einer abstrakten Gewaltdiskussion verschwindet.

Für unser Buch: Wenn wir in weiterer Folge von Gewalt sprechen, meinen wir die negativ-destruktive, sozial nicht verträgliche Form von Gewalt. Und: Gewalt bezieht sich mehr auf das Soziale, den Aspekt des sozialen Handelns.

Gewalt wird eingesetzt, um Ansprüche von Einzelnen oder Gruppen ohne Rücksicht auf die Befindlichkeit anderer oder deren Sachobjekte durchzusetzen, entgegen Übereinkünften und Normen in der Gesellschaft: in der Schule, in der Familie oder auch gegen Gleichaltrige in entsprechenden Berührungsräumen.

Aggression hingegen ist, wie wir noch sehen werden, ein innerpsychisches Phänomen, das sich auch im Verhalten abbilden kann. Landläufig wird absichtsvoll eingesetzte Aggression, sogenannte instrumentelle Aggression, mit Gewalt gleichgesetzt.

Aggression – die »tätliche« Urform der Gewalt?

Aggression leitet sich vom lateinischen Zeitwort »aggredere« ab, was wörtlich übersetzt so viel bedeutet wie »herangehen«, »zuwenden« – also keine Spur von negativer Bedeutung, die das Wort Aggression heute meist hat.

Eines wird im Vergleich zu dem Wort Gewalt sofort sichtbar: Gewalt beschreibt sich in Abhängigkeit sozialer und gesellschaftlicher Bedingungen, Beziehungen, Kontexte und Strukturen – dort, wo eben Gewalt angewendet werden kann. Aggression hingegen beschreibt das konkret handelnde, tätliche Innerpsychische.

Um der Aggression näherzukommen, bedarf es zunächst eines kleinen Ausflugs in die Entwicklungsgeschichte des Menschen, die im Fachjargon die monströse Bezeichnung »Phylogenese« trägt.

Drei grundlegende Verhaltensweisen wurden dem Menschen in die evolutionäre Wiege gelegt, um auf Reize von außen reagieren zu können: Angriff, Flucht und Erstarren. Bei Tieren funktionieren diese Mechanismen automatisch und reflexartig. Der Mensch hat im Lauf seiner Entwicklung gelernt, zwischen diesen möglichen

Verhaltensweisen je nach emotionaler und kognitiver Bewertung der bestimmten Situation abzuwägen.

Angriff (die Aggression), Flucht (das Vermeiden, Weglaufen) und Erstarren (das Nichtstun) können auch als die drei großen Eckpfeiler menschlichen Verhaltens bezeichnet werden, als die drei Grundmuster, die ausgelöst werden können, wenn es aufgrund eines Außenreizes zu einem evozierenden, auslösenden Erregungsanstieg im Zentralnervensystem kommt.

In welche Richtung unser Verhalten geht, hängt von einer Vielzahl von Faktoren ab: der Situation, dem Ausmaß an Angst, der subjektiven Lerngeschichte usw. Wir tun das, was uns subjektiv am Zweckdienlichsten erscheint, um unsere Angst zu reduzieren, die Herausforderung zu meistern, das Wohlbefinden wiederzuerlangen, um insgesamt wieder ein dynamisches Gleichgewicht des Organismus herzustellen.

Lassen Sie uns nun einmal die menschliche Aggression definieren: Sie ist ein von uns Menschen eingesetztes Verhalten, bei dem wir jemanden anderen »absichtlich« schädigen; und zwar, um unsere körperliche und seelische Unversehrtheit sowie unsere sozialen Beziehungen zu erhalten, wie der Mediziner, Neurobiologe und Psychotherapeut Joachim Bauer, es ausdrückt. Die Aggression ist, etwas provokant formuliert, ein Angstbewältigungsmechanismus, um der Angst vor körperlicher und/oder seelischer Verletzung bzw. vor Verlust von Beziehung zu begegnen.

Dieses absichtsvolle Schädigen, um die Befriedigung elementarer, biologisch festgelegter emotionaler Grundbedürfnisse zu sichern, unterscheidet die Aggression von Schädigungen, die etwa ein hyperaktives oder autistisches Kind unwillentlich verursachen kann.

Für manche ist bei der Definition von Aggression auch das Erzielen eines Vorteiles oder Gewinns von Bedeutung. Wir lassen diesen Aspekt beiseite, weil wir glauben, dass es in die Irre vorschneller negativer Bewertung führt.

Bei der Aggression verhält es sich nämlich genauso wie bei der Gewalt: Sie ist für sich gesehen nicht schlecht. Es ist vielmehr so, dass Aggressivität bisweilen ein nötiges und hoch sinnvolles Prinzip ist, wie jeder von Ihnen weiß. Manchmal ist ein deutliches Wort angebracht, das dann auch lauter sein kann, um einem dringenden Anliegen den nötigen Nachdruck zu verleihen. Manchmal vielleicht sogar ein grobes Anfassen oder eine körperliche Verletzung. Denken Sie nur daran, wenn Sie ein Kind zurückreißen, das ohne zu schauen über die Straße laufen will, und ihm bei der Rettung versehentlich den Arm auskegeln. Denken Sie an den bissigen, frei laufenden Hund am Kinderspielplatz, der auf Ihr Kleinkind zuläuft. Manchmal sind wir froh, aggressiv werden zu können, wenn es nötig sein sollte.

Im Laufe unserer Erziehung, auch Sozialisation genannt, lernen wir, unsere Aggression zu kultivieren, sie in geordnete Bahnen zu lenken, zu zügeln und das Ausmaß der Schädigung abzuwägen. Allzu viel haben wir dabei aber gar nicht zu lernen, denn Mutter Natur scheint uns auch eine natürliche Tötungshemmung mitgegeben zu haben, die die Bestie in uns im Zaum hält.

Außer Zweifel zu stellen ist zunächst, dass Aggression, die phylogenetisch in uns angelegt ist, neben den von uns später noch aufgezeigten Gedanken der Sicherung von Beziehung und Bindung auch die nützliche Funktion der Selbsterhaltung – also der Erhaltung der ureigensten biologischen Integrität – hat.

Üblicherweise werden zwei Formen von Aggression unterschieden:
- *reaktive bzw. impulsive Aggression*
  Wenn eine Biene Sie zu stechen droht, schlagen Sie reflexartig zu.
- *absichtsvolle, instrumentelle Aggression*
  Darunter werden »geplante« aggressive Handlungen verstanden, um ein zugrunde liegendes, emotionales Bedürfnis

zu befriedigen (etwa nach Anerkennung, Zugehörigkeit, Wertschätzung usw.). Wenn Sie gemobbt werden, wehren Sie sich, manchmal auch mit deutlichen Worten.

In unserem Buch geht es nun um sozial unangemessene Aggression, den Prozess ihres Entstehens und ihr Verhältnis zur gesunden Aggression.

Sozial unangemessene Aggression ist aggressives Verhalten, das subjektiv für die Person (etwa durch Selbstverletzung) und/oder für andere unangemessenes beträchtliches Leid oder Schaden bedeutet (Verletzung, Tötung, psychische Traumatisierung) bzw. ein oder mehrere zu einer Person gehörende Objekte schädigt (z. B. Zerstörung von Eigentum).

In Diagnosemanualen werden solche Formen unangemessener, entarteter Aggression oft unter der Bezeichnung »psychisch krank« geführt.

Diese Aggression ist weder auf die Lust am Töten zurückzuführen noch einfach die Erweiterung einer angelegten Verhaltensdisposition oder einer Reaktionsdisposition auf Gefahr und Angst. Sie ist das Ergebnis des Zusammenspieles vielfältigster Faktoren, bei denen Lernen und Umwelt wohl eine entscheidende Rolle spielen.

Möglicherweise haben wir Sie nun neugierig gemacht, aber wir beschränken uns zunächst darauf, zu definieren, was »psychisch krank« in diesem Zusammenhang meint. Es wird Sie vielleicht überraschen, aber das ist nicht immer eindeutig diagnostizierbar oder, anders gesagt, aus der Psyche eines jungen Menschen herauslesbar.

Krankhafte Aggression liegt dann vor, wenn Normen und Wertvorstellungen in einem derartigen Ausmaß verletzt werden, dass dies für die Mehrheit eines umgebenden Systems nicht mehr tragbar ist. Sie können sich leicht vorstellen, dass dieses Maß von

Gesellschaft zu Gesellschaft, aber auch von Familie zu Familie oder sogar von Klasse zu Klasse durchaus verschieden sein kann.

Es mag schockieren, aber beispielsweise in vielen nichtwestlichen Ländern ist das Verprügeln der Kinder bis heute oft kein Akt der Aggression, sondern legitimes Erziehungsverhalten. In Österreich war körperliche Züchtigung bis zirka 1980 übrigens von Gesetzes wegen in der Erziehung erlaubt. In den 1950er-Jahren wurde die Ohrfeige in der Erziehung unserer Kinder und Jugendlichen durchaus kultiviert, der Lehrer bediente sich seines Prügelstocks zur Durchsetzung von Sitte und Benehmen.

Allgemein gilt im heutigen Mitteleuropa ein Junge oder ein Mädchen dann als »krankhaft« aggressiv (in Anlehnung an Franz Petermann), wenn folgende Bedingungen erfüllt sind:

- Er/sie fühlt sich bereits durch Situationen bedroht und damit provoziert, die für andere völlig normal sind (etwa der strengere Blick der Lehrerin beim Betreten der Klasse oder der Tonfall des Vaters am Esstisch usw.).
- Er/sie kann darauf als einzig mögliche Verhaltensweise eine körperliche Attacke, eine wüste Beschimpfung oder eine Selbstverletzung folgen lassen.
- Er/sie hat keine Möglichkeit, das Verhalten zu kontrollieren bzw. zu stoppen, obwohl subjektiv erkannt wird, was hier getan wird.
- Bei ihm/ihr ist kein Bewusstsein für Konsequenzen bzw. mögliche Auswirkungen des Verhaltens vorhanden.
- Bei ihm/ihr sind eigene Möglichkeiten für sozial kooperatives Verhalten und Hilfsbereitschaft (im Fachausdruck: prosoziales Verhalten) nicht hinreichend ausgeprägt.

Ein derartiges Verhalten muss, um als wirklich krank zu gelten, im Regelfall über sechs Monate situationsübergreifend andauern. Es gibt auch sogenannte aggressive Anpassungsreaktionen in hoher

Intensität, etwa bei Scheidung der Eltern. Solche überschießenden Reaktionen, die auch depressive Züge usw. annehmen können, werden üblicherweise nicht als aggressive Störung bezeichnet, wenn sie innerhalb einer gewissen Zeit wieder abklingen. Das heißt allerdings nicht, dass Hilfe hier nicht sinnvoll wäre. Letzteres mag Sie vielleicht verwundern.

Aber ist der vierjährige, liebevoll herangezüchtete kleine Haustyrann, der wütend schreiend mit den Händen auf die Mutter eintrommelt, sie vielleicht beißt oder droht, das neugeborene Brüderchen aufzuwecken, weil es schon Zeit zum Schlafengehen ist, »krankhaft« aggressiv? Oder ist das zwölfjährige Mädchen, das sein Zimmer zertrümmert, sich selbst ritzt und droht »zu sterben«, weil es nie gut genug für seine Eltern sein kann, gleich »pathologisch« aggressiv?

Sie sehen schon, es ist gar nicht so einfach, zu unterscheiden, was »gesund« und was »krank« ist. Es braucht viel Sorgfalt, um die Dinge auseinanderzuhalten. Manchmal geht das gar nicht, denn die Übergänge sind fließend.

Unser Anliegen ist es, uns mit der Gewalt in ihrer nicht sozial verträglichen Form und mit dem Prozess der Entwicklung pathologischer Aggressivität auseinanderzusetzen und diesem letztlich etwas entgegenzusetzen. Für unsere Definition von aggressiv, sei es krankhaft oder noch »gesund«, erscheint noch zweierlei wichtig:

- »Aggression« ist eine Verhaltensweise, die etwas zu lösen sucht und
- »Aggression« ist eine Verhaltensweise, die sich immer im Spannungsfeld sozialer Interaktion realisiert.

Was meint nun Jugendgewalt?
Der Begriff Jugendgewalt ist in aller Munde, nicht zuletzt aufgrund seiner Omnipräsenz in diversen Fachbüchern und in den Medien. Das Schlagwort geistert in der Politik sowie in den Köpfen von El-

tern, Lehrern und Fachleuten herum. Dass dieser Begriff auch die Jugendlichen beschäftigt, dafür finden sich keine Anhaltspunkte. Letztlich handelt es sich eher um einen im Laufe des 20. Jahrhunderts und noch deutlicher in den letzten Jahren medial populär gewordenen Kunstbegriff als um ein qualitativ eigenständiges Phänomen. In der Literatur findet sich keine klare Definition, sondern lediglich eine Zusammenführung der Begriffe Jugend und Gewalt in einem Absatz, die ansonsten aber getrennt für sich erörtert werden – und das ist es.

Unser Versuch einer Definition lautet: Jugendgewalt befasst sich mit sozial nicht verträglicher Gewalt und krankhaft aggressivem Handeln von heute zehn- bis weit über zwanzigjährigen Burschen und Mädchen sowie dem zugrunde liegenden dynamischen Prozess. Hinzuzufügen ist: Was krankhaft bzw. sozial nicht verträglich ist, steht nicht von vornherein fest, sondern hängt von den jeweiligen kontextuellen, gesellschaftlichen Bedingungen ab und realisiert sich über Zuschreibungsprozesse. Eine solche Definition erlaubt Auseinandersetzungen über verschiedenste Formen der Jugendgewalt.

Wir können drei Ebenen der Jugendgewalt unterscheiden:

1. *die soziologische Ebene*:
   Welche gesellschaftlichen Prozesse, sozialen Widersprüchlichkeiten, Macht- und Herrschaftsverhältnisse, sozioökonomischen Faktoren, Milieubedingungen wirken auf den Prozess der Gewaltwerdung ein?

2. *die psychologische Ebene*:
   Welche individuellen, innerpsychischen Faktoren wie (frühe) Lernerfahrungen, Selbstregulierung, Handlungsplanung, Charaktereigenschaften, Empathie, Frustrationstoleranz usw. beeinflussen krankhaft aggressives Verhalten?

3. *die neurobiologische Ebene*:
   Was ist Aggression in neurobiologischer Hinsicht – Veranlagung, Impulsivität, »schwieriges Temperament« usw.?

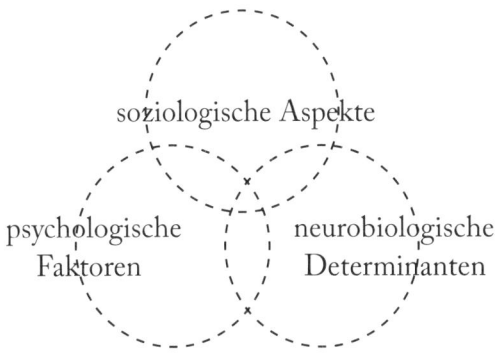

soziologische Aspekte

psychologische
Faktoren

neurobiologische
Determinanten

Wir werden in weiterer Folge sehen, dass auch hier die Grenzen fließend sind. Dies ist die Eigenart bio-psycho-sozialer Modelle im Bereich der Medizin und Psychologie.

Unser Anliegen ist es, das Phänomen Jugendgewalt möglichst genau zu fassen. Wir suchen nach Hinweisen auf den Prozess der Gewaltentstehung, um wegzukommen von Ohnmacht und Hilflosigkeit bei Jugendgewalt hin zu individueller Handlungsfähigkeit.

In den folgenden zwei Kapiteln wird es zunächst darum gehen, die soziologischen und psychologischen Faktoren zur Entstehung von Gewalt darzustellen. Daraus werden sich Ideen für ein konkretes Handeln im Umgang mit Jugendgewalt ableiten.

KAPITEL 2

Jugendgewalt als soziales Phänomen – Wie Jugendgewalt in unserer Gesellschaft entsteht

VORBEMERKUNG

Wenn Sie eine Nachrichtensendung im Radio hören, im Fernsehen anschauen oder morgens in der Tageszeitung lesen, was fällt Ihnen als Erstes auf? – Szenen der Gewalt. Nach sozialwissenschaftlicher Betrachtungsweise umfassen diese einen Großteil der Berichterstattung. Offenbar frei nach dem Motto »*Only bad news are good news*«, denn nicht nur »*Sex sells*«, sondern auch »*Violence sells*«.

Durch diese Berichterstattung erscheinen uns, der »gesitteten« Gesellschaft, Jugendliche heute gewalttätiger und brutaler denn je. Bei unseren Recherchen zu den Ursachen von Gewalt und Jugendgewalt kamen wir zu zumindest drei überraschenden Feststellungen:

1. Erwiesenermaßen ist unsere Gesellschaft heute friedliebender als noch vor fünfzig oder hundert Jahren. Noch viele Angehörige der Generation unserer Großeltern verrannten sich in den Krieg im Glauben an blindwütige Ideale ähnlich dem Kreuzrittertum. Im heutigen mitteleuropäischen Raum ist selbst der Kalte Krieg nunmehr lediglich ein Relikt. »Große« Kriege fehlen. Wenn Krieg, dann sind es regionale, lokale Konflikte, vor allem leider immer noch in den sogenannten Entwicklungsländern. Und selbst dort scheinen lokale Konflikte eher rückläufig. Wie sehr das auf die Präsenz von Schutzmächten zurückzuführen ist, bleibt noch unklar. Die großen westlichen Industrienationen kennen seit über 60 Jahren keinen Krieg mehr untereinander, Konkurrenz schon. Keine frühere Epoche unserer Geschichte kennzeichnete sich so stark durch das Ideal des Friedens wie unsere heutige Zeit.

2. Uns überraschte, wie sehr menschliche Gewalt ein historisches Phänomen ist und als eingebettet in gesellschaftliche Entwicklungen zu sehen ist; dies gilt in besonderem Maße für den Krieg. Diese Tatsache scheint nicht allgemein be-

wusst zu sein. Vielmehr erscheint Gewalt noch immer als ständiger Begleiter des Menschen und seiner Gesellschaft und Krieg als natürlicher Urzustand des Menschen.

3. Folgende Ambivalenz gab uns Rätsel auf: Politik und Klassenzimmer sind voll von Friedensbotschaften, die Zimmer unserer Kinder und Jugendlichen dagegen voll von Gewaltspielen und anderen Gewaltmedien. Und das menschliche Gehirn reagiert auch auf virtuelle Gewaltdarstellungen. Eine Forschergruppe um Niels Birbaumer von der Universität Tübingen fand heraus, dass Gewaltsimulationen am Computer bestimmte kognitive Teile des Gehirns aktivieren, emotionale Teile (verantwortlich auch für die Beziehung zu potenziellen Opfern) dagegen eher abgeschaltet werden. Diese Reaktionen des Gehirns lassen sich auch bei »echten« Gewaltakten feststellen. Durch regelmäßiges Computerspiel könnten bestimmte Abläufe im Gehirn im Zusammenhang mit Aggression verfestigt werden. In der Realität kann es dann passieren, dass solch verfestigte Verhaltensmuster Anwendung finden und eher aggressiv reagiert werde, so Birbaumer.

Wie kommt es, dass Friedensappelle und Rechtfertigung von Gewalt sowie Gewaltverherrlichung nebeneinander existieren? Wie kommt es zu den »Auswüchsen« jugendlicher Gewalt? Ist die Gesellschaft heute schon friedlich? Wird nur die Jugend immer gewalttätiger? Ist Jugendgewalt ein Produkt unserer heutigen Gesellschaft? Seit wann gibt es sie? Oder ist sie gar ein Produkt der Medien? Nichts verkauft sich ja als Schlagzeile so gut wie der Amoklauf eines Schülers.

Unserer Meinung nach können bei der Beantwortung dieser Fragen Ansätze, die Gewalt als historisches, gesellschaftliches, sich entwickelndes Phänomen sehen, weiterhelfen. Dazu wollen wir im

Folgenden einige Überlegungen anstellen und versuchen, Bezüge zur Jugendgewalt herzustellen. Anschließend werden, aufbauend auf einer kleinen Geschichte der Jugendgewalt und den Lebensbedingungen der Jugendlichen heute, verschiedene Facetten der Jugendgewalt dargestellt. Dabei haben wir eine subjektive Auswahl getroffen. Es geht um die unserer Meinung nach entscheidenden Brennpunkte in Bezug auf Jugendgewalt. Zum Schluss werden wir den Versuch unternehmen, unsere sozialwissenschaftlichen Befunde zusammenzuführen, um darzustellen, dass Gewalt heute drauf und dran ist, ähnlich der sexuellen Befreiung in den Sechzigern, zu einem Kultobjekt unserer Jugend zu werden.

MENSCH UND GEWALT – GESELLSCHAFTSHISTORISCHE ÜBERLEGUNGEN UND IHR NUTZEN FÜR DIE DISKUSSION ÜBER JUGENDGEWALT

Wirft man einen ersten Blick auf die Menschheitsgeschichte, so scheint die Antwort klar: Gewalt und Krieg sind der natürliche Zustand des Menschen. Friede erscheint nur als vorübergehender Zwischenzustand. Alle Großen ihrer Zeit waren Krieger: Alexander der Große, Hannibal, Julius Caesar, Hitler, Stalin, Mao, Che usw. Einige Ausnahmen gibt es allerdings, wie etwa Mahatma Gandhi, Nelson Mandela, John Lennon etc.

Soziobiologie und anderes

Geht man nach der (noch) vorherrschenden Meinung, so ist die Frage, wie die Gewalt zum Menschen kam, erst gar nicht zu stellen.

Denn sie ist schon längst bei ihm, mehr noch, sie wohnt ihm inne, sie ist sein Wesen, Überlebenskampf ist seine Natur. Das ist das Primäre, Altruismus und Kooperation (für den anderen da zu sein) dem untergeordnet.

Dabei beruft man sich in neuerer Zeit auf soziobiologische Theorien und im Hintergrund immer auf Charles Darwin und seine Evolutionstheorie. Lassen Sie es uns in unseren eigenen Worten sagen: Der Krieger entspricht der inneren Natur des Menschen, sonst könnte er als Spezies nicht überleben. Dazu müssen nun einmal die nicht lebensfähigen Schwachen herausgepickt werden, um den nachhaltigen Fortbestand der Art zu sichern. »*Death is nature's way of saying you have failed selection*«, findet sich heute noch als Leitspruch von Elitesoldaten.

Anfang des 20. Jahrhunderts gelangte solches Gedankengut über die »Deutsche Gesellschaft für Rassenbiologie« zu großer Popularität. Es wurde von den Nazis instrumentalisiert und zeitigte im Dritten Reich verheerende Auswirkungen.

Darwins Abstammungslehre ist unumstritten. Ebenso das von ihm entwickelte Selektionsprinzip. Heftig diskutiert ist allerdings seine These, dass das Verhältnis zwischen Individuen und Arten von einem fortwährend gegeneinander geführten Kampf ums Überleben, von einem »*Struggle for life*« geprägt sei. Dies sei letztendlich auch der soziale Sinn von Gewalt und Aggression.

Sehen wir uns nun für die Beantwortung der Frage, inwieweit Gewalt ein historisch-gesellschaftliches Phänomen ist, noch andere, ebenfalls aus der Biologie kommende Überlegungen an.

Joachim Bauer führt in seinem Buch »Prinzip Menschlichkeit« aus, dass Kooperation und soziales Zusammensein die entscheidenden Faktoren sind, damit der Mensch zum Menschen wird. Damit der Mensch sich zu dem entwickeln konnte, was er heute ist, braucht es ein im Menschen angelegtes Programm, das ihn zu kooperativen Leistungen befähigt.

Joachim Bauer zeigt das ganz grundsätzlich am Prozess der Verdoppelung von Erbsubstanz, der Grundlage der Vermehrung von Leben auf. Diese notwendige Fähigkeit zu einem Miteinander scheint der entscheidende Faktor zu sein, dem Gewalt und Aggression untergeordnet sind.

Erkenntnisse aus der Neurobiologie legen auch nahe, dass Kooperation mit anderen, Anerkennung, Eingebundensein oder Lob zentrale Motivatoren sind und nicht Konkurrenz und Abwertung, Kampf und Gewalt.

Aggression sieht Bauer nun nicht als bösen Trieb des Menschen, sondern als nützliches phylogenetisch angelegtes Programm, wenn Nähe, Geborgenheit und Zusammengehörigkeit gefährdet sind. Direkte oder indirekte Aggression ist somit immer im funktionalen Zusammenhang mit dem Bedürfnis des Menschen nach Beziehung zu sehen.

Ausschließlich aus der Natur des Menschen ist das Verhältnis von Mensch zu Gewalt also nicht zufriedenstellend darstellbar. Menschliche Gewalt scheint eine sozial-gesellschaftliche und historische Dimension zu haben.

Wie ist nun die Anbindung der Gewalt an den Menschen erklärbar? Der Mensch ist nicht aus sich heraus gewalttätig, kann es aber werden. Aggression und Gewalt sind hierbei für den Menschen nicht auf Dauer aufrechtzuerhaltende Zustände, denn letztlich verursachen sie einen hohen Grad an Stress und ein hohes Maß an Leid.

Rechtfertigung von Gewalt

Begeben wir uns nun weiter auf die Suche nach Erklärungen für die soziale Eingebundenheit, die Historizität von Gewalt. Auch diese Suche ist wieder voller Überraschungen.

Zunächst fällt auf, wie viele Gewalt rechtfertigende Ideologien wir in der Menschheitsgeschichte finden. Gewalt und Krieg müssen sein: im Dienste der Gerechtigkeit, für die gute Sache, gegen die Unverständigen, Ungläubigen. Der Deckmantel höherer Ideale und Ideologien wird ausgebreitet. Gewalt ist dann ein legitimes Mittel im Dienste der Sache.

Die heilige katholische Kirche hat sich hierbei, dies soll nicht unerwähnt bleiben, besonders »ausgezeichnet«. Sie brachte die Mär vom »gerechten Krieg« unter die Menschen, um ihren Anspruch als Weltreligion geltend zu machen. Zur Erweiterung ihres Einflusses öffnete sie die Büchse der Pandora.

Im Namen Christi, der Bekehrung und der Erlösung wurden kriegerische Kreuzzüge durchgeführt, die wegen ihrer Gewalttätigkeit, Blutrünstigkeit und Grausamkeit in die Geschichte eingingen. Im Hintergrund ging es um die Eroberung wichtiger Herrschaftsgebiete.

Im Namen Gottes durfte Pizarro die Inkakultur auslöschen. Ging es hier um religiöse Ideale oder nicht doch um weltlichen Einfluss oder gar um das Gold aus Eldorado?

Die katholische Kirche hat ohne Zweifel etwas dazugelernt. Heute sind wir Europäer entsetzt, dass der in seiner Geschichte jüngere Islam in seinen radikalen Auswüchsen im Namen Allahs wahrhafte Erleuchtung durch den Heiligen Krieg predigt und Gewalt als legitimes Mittel gegen die Ungläubigen ansieht. Basierend freilich auf einem wesentlich »gewaltfreundlicheren Koran«. Die Mudschaheddin, heilige Krieger genannt, die für Allah kämpfen, belohnt der Koran mit »ewigen«, wunderschönen Jungfrauen in den sieben Himmeln, die auch die sieben Gärten des Paradieses umfassen.

Nach zwei Weltkriegen, Millionen von toten Christen und Juden, Vätern, Müttern und Kindern, nach Herrenrasse und Holocaust hat sich im Westen das Verhältnis zur Gewalt offensichtlich etwas geändert. Frieden ist unser aller Anliegen geworden. Unsere Gesellschaften sind im Umgang mit Gewalt heute vorsichtiger. Doch der Bruderkrieg in Ex-Jugoslawien, an Völkermord grenzende Pogrome zeigen, dass Gewalt jederzeit wieder aufflammen kann, dass das »Böse« nicht besiegt ist.

Eigentlich bitter ist auch der Beigeschmack eines ambivalenten Verhältnisses zur Gewalt in unserer Gesellschaft. Sie wird gerechtfertigt und verwünscht zugleich, verstanden und gelobt, verachtet und bestraft.

Welche sozialwissenschaftlichen Theorien finden sich nun auf der Suche nach einer gesellschaftlich-historischen Eingebettetheit von Gewalt?

Anomie

Hier ist zunächst die Anomietheorie von Emile Durkheim zu nennen. Anomie bezeichnet den Zustand zunehmender Norm- und Orientierungslosigkeit in der modernen Gesellschaft. Bislang geltende Werte und Regeln verlieren ihre allgemeine Gültigkeit. Rückhalt geht verloren. Hintergrund sind zunehmende Arbeitsteilung, die rasante Modernisierung und Globalisierung. Durch das Vorantreiben der Spezialisierung ist der Einzelne auf sich zurückgeworfen. Wie notwendig der andere, das Gegenüber ist, wird nicht mehr gesehen. Individualismus ist die Maxime, das Gemeinsame geht verloren.

Der Einzelne droht sich zu verlieren, das bekommen vor allem die sogenannten Modernisierungsverlierer zu spüren. Heute sind das jene, die im Konzert der Krise nicht mehr mitkommen. Durkheim sah vor allem Unterschichtpersonen als die Modernisierungsverlierer seiner Zeit.

Wenn herrschende Normen und Werte an Verbindlichkeit verlieren, die Gemeinschaftsmoral und die soziale Kontrolle eine starke innere Erschütterung erfahren, dann wird die Abweichung von der

Norm in einer Gesellschaft zur Regel. Es kommt zum Zerreißen der bislang gültigen kollektiven Ordnung. Nach Durkheim werden dann die dem Menschen innewohnenden Triebe »übermächtig und laufen in Zustände der Anomie«. Indikatoren für diesen gesellschaftlichen Zustand sind die Zunahme von Gewalt (Jugendgewalt), Jugendkriminalität und psychischer Erkrankungen. Auch die Zustände in Haiti unmittelbar nach dem schweren Erdbeben im Januar 2010 sind ein Beispiel für Anomie.

Der amerikanische Soziologe Robert K. Merton beschrieb die Anomie als ein Auseinanderdriften von kulturellen Zielen, wie beispielsweise Wohlstand und Bildung, und der Möglichkeit, diese Ziele mit den zur Verfügung stehenden Mitteln erreichen zu können. Rebellion und Gewalt sind mögliche menschliche Reaktionsmuster auf diese erlebte Dissonanz, also Disharmonie. Rebellion meint hierbei die Ablehnung der oben genannten etablierten kulturellen Ziele (beispielsweise Wohlstand, Bildung usw.) sowie der institutionalisierten, etablierten Mittel, um diese zu erreichen. Eine neue Sozialstruktur wird angestrebt, wobei noch keine neuen Ziele und Mittel präsent sein müssen, es geht letztlich ausschließlich um die Veränderung der bestehenden Machtstrukturen – auch mithilfe von Gewalt. Anomie ist nach Merton in allen sozialen Schichten möglich.

Anomietheoretische Überlegungen helfen vor allem zu verstehen, wie fehlende, allgemeingültige und akkordierte Gefüge und Ordnungen, auch in Form von gesellschaftlichen Werten und Normen, die Orientierung des Einzelnen in einer sich rasant ändernden Welt erschweren. Alles und zugleich nichts scheint möglich. Jeden Tag gibt es einen neuen Traum, keiner sagt, dass dafür hart gearbeitet werden muss. Hier wird bildhaft deutlich, dass Jugendgewalt durch Ablehnung kollektiver Werte und Normen aufgrund empfundener Ungleichheiten und Ungerechtigkeiten zunehmen kann.

Gewalt als Etikette

Hilfreich für unser Verständnis der sozialen Determinanten der Gewalt fanden wir auch die sogenannte soziale Etikettierungstheorie, englisch »Labeling Approach«. Gewalt ist demnach das Ergebnis von sozialen Zuschreibungsprozessen. Diese Etikettierung brauchen etwa Eltern, Lehrer, Psychologen, um das Verhalten eines Jugendlichen fassen zu können.

Interessanterweise beginnen sich die Etikettierten nach einer gewissen Weile genau so zu verhalten, wie es die Zuschreibenden voraussagen, und ein sich aufschaukelnder Teufelskreis beginnt (»Self-Fulfilling Prophecy«).

»Labeling Approach«-Modelle sind hilfreich für das Verständnis, welche Dynamiken rund um Gewalt und Aggression von Jugendlichen in Gang kommen können. Sie zeigen auch auf, dass Jugendgewalt nicht immer Jugendgewalt ist, sondern das Phänomen durch Zuschreibungsprozesse zustande kommt.

Die Sicht der Materialisten

Was uns noch fehlt, ist die historische Sichtweise. Erklärungsansätze finden sich bei den materialistischen Denkern wie etwa Engels, Marx, aber auch Lenin. Diesen Denkern zufolge ändert sich das Wesen der Gewalt mit der gesellschaftlichen Entwicklung des Menschen. Solange menschliche Gesellschaften in Stammes- oder Urgesellschaften zusammenlebten, wie wir sie auch heute noch bei einigen asiatischen und indigenen Steinzeitkulturen finden, kommt es höchstens aus Rache oder bei der Suche nach zu knapp gewordenen Nahrungsgebieten zu Gewalt und Stammeskrieg. In frühmenschlichen Gesellschaften ist Kooperation das grundsätzliche Organisationsprinzip. Kooperation war, wie Leo Gilkens für die ersten Vorläufer der Menschen, die Hominiden, anführt, das entscheidende, notwendige Prinzip um zu bestehen.

Es gibt keine Notwendigkeit von Staat und staatlicher Gewalt oder Krieg als Instrument zur Durchsetzung von Herrschaftsinteressen. Für Lenin ist Krieg sogar eine historische Erscheinung, die im Kommunismus wieder verschwinden sollte. Der Mensch als lernfähiges Wesen entwickelt sich weiter. Er mehrt sein Know-how, entwickelt Werkzeuge. Es ist verständlich, dass Arbeitsteilungen notwendig werden. In einer Stammesgesellschaft wird schließlich ein Stand der Produktion (Wissen, Fertigkeiten und Möglichkeiten, Güter zu produzieren) erreicht, durch den, um es in der Sprache der Materialisten auszudrücken, mehr Möglichkeiten vorhanden sind, gesellschaftlichen Reichtum zu produzieren, als die Mitglieder wahrnehmen können. Die zusätzlichen Arbeitskräfte werden nun durch Sklaverei beschafft. Hier, so Engels, wird der Krieg zum Raubkrieg. Immer deutlicher wird die Notwendigkeit eines Staates (für die Verwaltung) und mit ihm verbundene Gewalten. Die Klassengesellschaft als gesellschaftliche Organisationsform des Menschen, in der ein Teil über andere »herrscht«: Sklavenhalter über Sklaven, Feudalhalter über Leibeigene, Kapitalisten über Arbeiter.

Gewalt gehört fortan diesen materialistischen Denkern zufolge zum untrennbaren Bestandteil aller Gesellschaftsformationen, in denen es Besitzende und Besitzlose, Kommandeure der Produktion und Ausführende gibt, die ihre Interessen mit Gewalt und letztlich auch mit dem Mittel des Krieges durchsetzen. Solche Gesellschaftsformen seien auch nur mit Gewalt überwindbar, so die Aussage dieser Theoretiker.

Erste Gedanken zum Umgang mit Jugendgewalt

»Was sollen all diese linkslastigen Ausführungen, was hat das mit Jugendgewalt zu tun?«, werden Sie vielleicht fragen. Im Zusammenhang mit folgenden Gedanken erscheinen sie uns nützlich für unsere weitere Beschäftigung mit Jugendgewalt:

1. Es mag kein Zweifel daran bestehen, dass Aggression eine phylogenetisch gegebene Verhaltensdisposition ist. Wie sich Gewalt unter Menschen entwickelt, ist aber ganz offensichtlich sehr stark von gesellschaftlichen Umständen abhängig; gewisse Erscheinungsformen von Gewalt entwickeln sich erst unter ganz bestimmten gesellschaftlichen Bedingungen.

2. Was für die Gewalt allgemein recht ist, soll uns für die Jugendgewalt nur billig sein. Auch Jugendgewalt ist in ihren historischen, gesellschaftlichen Bezügen zu betrachten. Sie ist nur dann zu verstehen und auch ein zufriedenstellender Umgang mit ihr ist nur dann möglich, wenn sie als Ergebnis in unserer Gesellschaft nach wie vor bestehender grundlegender Widersprüche gesehen wird. Hier lassen sich alle Facetten von Jugendgewalt einordnen, sowohl die Einzeltat als auch der als Gewalt etikettierte Protest von Jugendgruppen. Lange vergessen treten diese Widersprüche heute wieder verstärkt hervor, so etwa in den widersprüchlichen Interessen von Gewinnern des Spätkapitalismus und sogenannten Modernisierungsverlierern, wenn etwa General Motors oder Bankhaie abwirtschaften, dann Milliarden an Staatshilfen bekommen, um sich erneut Prämien auszuzahlen, während zugleich Tausende Lehrlinge auf die Straße gesetzt werden und Sparer ihr hart Erspartes verlieren.

3. Jugendgewalt ist kein mystisches Etwas, das immer da war und immer da sein wird, etwas Fremdes in unserer Gesellschaft, nur weil die Jugend halt so ist. Sie hat ihre Wurzeln

in eben diesen angedeuteten Ungerechtigkeiten. Das wirft, gesellschaftlich gesehen, doch ein ganz anderes Licht auf so manche Rebellion der Jugend, die schnell als Gewalt etikettiert wird. Das hilft, Dahinterliegendes bei Amokläufen zu verstehen. Jugendgewalt ist der Spiegel gesellschaftlicher Verhältnisse, die unmissverständliche Aufforderung, etwas zu ändern. Verständnis und Auseinandersetzung sind angesagt und nicht panikartige Bekämpfung des »Bösen«. Für das Verständnis der auseinanderklaffenden Lebenswelten und Widersprüche sind anomietheoretische Überlegungen nützlich und »Labeling Approach«-Ansätze helfen uns, den Prozess nachzuvollziehen und auch zu begleiten.

4. Jugendgewalt macht also tieferliegende Widersprüche in unserer Gesellschaft sichtbar, zeigt sich selbst als Widerspruch. Noch etwas können wir in diesem Zusammenhang für die Diskussion über Jugendgewalt von den Materialisten mitnehmen: Sie, und nicht nur sie, betonen, dass gerade solche Widersprüche Triebkräfte einer weiteren gesellschaftlichen Entwicklung hin zu einer Gesellschaft ohne Gewalt und Jugendgewalt sind. Widersprüche, Konflikte tragen die Aufforderung zum Handeln in sich.

5. Im Zusammenhang mit Jugendgewalt wird es somit auf das Handeln jedes Einzelnen von uns, also auch auf unser Handeln, ankommen. Wir haben zwei Möglichkeiten: Wir können die Existenz von Jugendgewalt, das bedauerliche Bestehen von Widersprüchen zwischen unserer Sehnsucht nach Frieden und der gewalttätigen Jugend beschreiben, beklagen, bejammern – oder wir können handeln. Entscheiden wir uns für das Klagen, wird sich unser Konflikt mit der Jugendgewalt weiter verschärfen.

6. »Was kann ich denn schon bewirken?«, werden Sie vielleicht sagen. Nehmen wir ein letztes Mal eine Anleihe bei unseren

Materialisten, aber auch bei systemtheoretischen Überlegungen. Was passiert, solange wir nur klagen, besorgt sind, jammern und wünschen, dass sich etwas ändert? Bestenfalls gar nichts. Wahrscheinlich aber spitzt sich alles zu. Erst wenn wir zu handeln beginnen, bewegt sich etwas. Das Bild von der Klasse an sich und der Klasse für sich, das die Materialisten geprägt haben, ist hier vielleicht nützlich. Solange Arbeiter, so sagten sie vor über hundert Jahren, sich mit ihrer Rolle abfänden und ihr Schicksal beklagten, seien sie Opfer ihrer Verhältnisse. Sie müssten von einer Klasse an sich zu einer Klasse für sich werden. Dies ginge dadurch, indem sie sich ihre Lage klarmachen, aufstehen und sich organisieren. Durch dieses Engagement und die Aneignung von Wissen entstünde revolutionäres Bewusstsein und sie seien dann als Klasse für sich eine Macht für Veränderung.

7. Stellen wir nun den Bezug zum Umgang mit Jugendgewalt her. Hören wir auf, die tristen Verhältnisse unserer Jugend, unserer Schulen, die neue Bildungsarmut und die steigende Gewalt an sich zu bejammern! Finden wir uns nicht tatenlos mit den bestehenden Widersprüchen ab!
Es geht darum, diese zu bemerken und nicht als Ärgernis abzutun, mit ihnen umzugehen, sie zu thematisieren. Dann werden wir von Jammerern zu engagierten Eltern, Lehrern, Politikern usw. für uns und unsere Jugend. Führen wir die Auseinandersetzung für unsere Jugend und nicht gegen unsere Jugend. Alles andere dient nur denen, die ein Geschäft mit dem aufkommenden Mythos Jugendgewalt machen wollen.

Die hier angestellten Überlegungen sollen dabei helfen. Denn in einem, so scheint es, sind sich die meisten Systemtheoretiker, Revolutionstheoretiker und Positiven Psychologen – wenn auch mit unterschiedlichen Nuancierungen – einig: Die Menschheit befindet sich heute zweifelsohne auf dem Weg weg von Leid und Gewalt hin zu Kooperation, Solidarität und Gewaltfreiheit. Aber es kommt auf unser Handeln an.

Sagen wir es mit Friedrich Nietzsche: Der Mensch bleibt nur für eine gewisse Zeit im Stadium eines Kamels, das alles an Gewalt und Unterdrückung hinnimmt und sich durch die tollsten Rechtfertigungsideologien irreführen lässt. Irgendwann wird der Mensch zum Rebell, zum Löwen, der sich gegen den Zustand des Kamels auflehnt, um dann wieder als Kind neu geboren zu werden und sich auf das zu verständigen, wozu man uneingeschränkt Ja sagen kann. Man findet sozusagen die Zustimmung im Leben. In diesem Zustand können dann Glück, Wohlbefinden und ökonomischer Erfolg koinzidieren.

In diesem Ergebnis spiegelt sich der Leitgedanke der Positiven Psychologie wider, die Gesellschaften durch die Förderung von Wohlbefinden und Glück optimieren will. Diese Qualitäten, Wohlbefinden und Glück, lassen ohne Zweifel eine uneingeschränkte Zustimmung zu, die wir auch mit der Frage prüfen können, was wir uns für unsere Kinder eigentlich am meisten wünschen. Es braucht eine Tendenz weg von Gewalt und Aggression hin zu einem Zusammenwirken, hin zum Ziel von Glück und Wohlbefinden. Das ist erlernbar und lehrbar. Es ist kein Zufall, dass authentisches Glück und Positive Psychologie heute immer populärer werden.

Fassen wir nochmals zusammen: Betrachtungen von Jugend und Gewalt, losgelöst von ihrer Geschichte und gesellschaftlichen Bezogenheiten, helfen nicht weiter, sondern fördern auf gesellschaftlicher Ebene eine Mythologisierung von Gewalt. Und: Klagen und Jammern fördert dies ebenso und nützt obendrein denen, die mit der Jugendgewalt ihr gutes Geschäft machen wollen. Anregungen für Ihr eigenes konkretes Handeln finden Sie im Schlusskapitel.

DIE »GESCHICHTE« DER JUGENDGEWALT

Der Begriff Jugendgewalt scheint plötzlich so präsent wie nie zuvor. Durchforstet man die pädagogische, psychologische und medizinische Fachliteratur, so fällt auf, dass der Begriff erst in der jüngeren Zeit in Büchern auftaucht. Die Gewaltfrage wurde in Deutschland erst Ende der 1970er-Jahre und danach auch in Österreich endgültig zur Jugendfrage erklärt. Diese Auseinandersetzung festigte sich in den 1980er-Jahren im Kontext der Ökologie- und Friedensbewegungen, der Hausbesetzer- und linksautonomen Szene. Mitte der 1990er-Jahre wurde die Gewalt Jugendlicher auf öffentlichen Plätzen mit dem Bericht der Gewaltkommission der deutschen Bundesregierung in den Mittelpunkt gerückt und zum öffentlichen Thema erklärt. Haben wir es also wirklich mit einem neuen Phänomen unserer Zeit zu tun, das es früher nicht gegeben hat?

Der Jugendbegriff

Sehen wir uns den Begriff der Jugend einmal historisch genauer an. Er leitet sich aus dem Mittelhochdeutschen bzw. Althochdeutschen ab und bedeutet in seinem Ursprung unter anderem »frisch«, »unausgewogen« und »unerfahren«. Erst um 1800 wird er häufiger verwendet. Dabei fällt die ambivalente bis negative Besetzung des Wortes auf. Mit dem Begriff wollte sich die Gesellschaft von einer Gruppe distanzieren, die als gefährdet galt. Jugend ist »Trunkenheit ohne Wein«. Solche Bezeichnungen für die Jugend finden sich seit alters her. Shakespeare etwa schrieb: »Ich wollte, es gäbe gar kein Alter zwischen 10 und 23, oder die jungen Leute verschliefen die ganze Zeit. Denn dazwischen ist nichts als den Dirnen Kinder schaffen, die Alten ärgern, stehlen und balgen.«

Die Jugendhilfe der 1880er-Jahre in Deutschland bezeichnete Jugend als eine männliche Person, vorzugsweise aus der Arbeiterklasse, im Alter zwischen 13 und 18 Jahren, mit Tendenzen zu Verwahrlosung, Kriminalität und einer Empfänglichkeit für sozialistisches Gedankengut. Nach 1900 wurde die negative Konnotation des Begriffs zunehmend durch ein positives Bild ersetzt. Schnell entstand im Rahmen nationalistischer Strömungen ein Jugendmythos: Wer die Jugend hat, hat die Zukunft – die Jugend als Motor der Geschichte. Dieser Mythos von der jugendlichen Kraft setzt sich, wie sattsam bekannt, bis heute fort und zeitigt manchmal seltsame Auswüchse. Ältere Jahrgänge suchen sich das jugendliche Outfit oder die jugendliche Liebe. Jung, fit und vital muss der Körper sein, unter anderem bittet hierfür die Schönheitsindustrie kräftig zur Kasse: »*Forever young*« – Altern scheint out.

Die Vorstellung, dass die Jugend eine eigenständige Entwicklungsphase darstellt, die von anderen Altersgruppen abzugrenzen ist, geht bis weit in die Antike zurück. Gesellschafts- und sozialpolitisch relevant wird sie aber erst mit den tief greifenden Veränderungen der Produktion im späten 19. und frühen 20. Jahrhundert. Jugend wird hier zur Zeitspanne, die von der Erwerbsarbeit freigesetzt ist und nicht nur privilegierten Gruppen Zugang zu institutionalisierter Ausbildung und Vorbereitung auf die Anforderungen der Lebensbewältigung ermöglicht. In der entwicklungspsychologischen Literatur der 1950er-Jahre umfasste die Jugendzeit die Zeitspanne ab etwa vierzehn bis Mitte zwanzig. Das war damals etwa die Zeit vom Beginn der einsetzenden Geschlechtsreife, über Identitätsfindung und Ausbildung von Individualität bis hin zur Ausformung der Persönlichkeit.

Heute geht man allgemein davon aus, dass die Jugendzeit als länger andauernd gesehen werden muss. Sie beginnt bereits mit zehn und wird in ihrer Dauer unterschiedlich bis zum Beginn des 30. Lebensjahres gefasst. Aufgrund heute verbesserter Entwicklungsvoraussetzungen setzt die Geschlechtsreife früher ein und Ausbildungen – denken Sie beispielsweise an ein Hochschulstudium – können durchaus bis Anfang dreißig dauern.

Gesichter der Jugendgewalt

So viel Zeit für ihre Entwicklung hat die Jugend in ihrer Geschichte wohl noch nie gehabt. Das negative Jugendbild bleibt allerdings, einmal deutlicher, einmal weniger deutlich, bis heute versteckt bestehen. Um die Wende vom 18. zum 19. Jahrhundert kommt in England der Begriff »Hooleys Gang« auf. Damit wurden jugendliche Straßenkriminelle bezeichnet, die durch Alkoholkonsum, rowdyhaftes, rüpelhaftes Verhalten, kleinere Gewaltakte und Diebstähle auffällig wurden.

Vor etwa hundert Jahren taucht der Begriff des Hooligans das erste Mal in einer englischen Tageszeitung auf. Gibt es hier einen Zusammenhang? Die Ähnlichkeit der Begriffe ist in jedem Fall erstaunlich.

Pastor Clemens Schultz prägt 1912 in einer Broschüre über seine Erfahrungen mit Hamburger Jugendlichen erstmals den Begriff der Halbstarken.

Die 1950er-Jahre waren von der Halbstarkendiskussion beherrscht. Die Zeitungen waren voll von Berichten über Jugendkrawalle. Besondere Beachtung fanden die großen und historisch gewordenen Jugendkrawalle von Frankfurt am Main, an denen sich Hunderte junge Menschen beteiligten. Die Rowdys, wie sie auch genannt wurden, zogen durch die Straßen, lieferten sich Straßenschlachten mit der Polizei, stürzten Fahrzeuge um, schlugen Scheiben ein, »belästigten« gutbürgerliche Passanten. Helmut Schelsky, der große deutsche Soziologe, wurde zur Hilfe gerufen und diagnostizierte der damaligen Jugend, besser gesagt den Rowdys, Orientierungslosigkeit zu Beginn des einsetzenden Wirtschaftswunders. Wer erinnert sich nicht an die Studentenunruhen Ende der 1960er-, Anfang der 1970er-Jahre, die Straßenschlachten mit der Polizei, den Tod des Studenten Benno Ohnesorg, die 68er-Bewegung und die damals beginnende Geschichte der RAF?

»Flower-Power«- und Friedensbewegung, Antikriegsaktivismus und sexuelle Befreiung, die vor allem an der amerikanischen Westküste Ende der 1960er-Jahre ihren Ursprung und Anfang der 1970er ihre Hochblüte hatten, aber auch bei uns spürbar wurden, werden nicht in den Mantel der Gewalt gehüllt und von der Elterngeneration bestenfalls mit Unverständnis wahrgenommen.

Viel mehr Angst hatte man da schon vor den Rockern, deren Gangs und Banden mit ihren Motorrädern und den blutigen Auseinandersetzungen auf den Straßen. Schnell war es da mit dem romantischen Gedanken »*born to be wild*« vorbei. Mit ihren Motorrädern fielen ganze Heerscharen dieser »Wilden« über die USA und auch Europa her. Und vor den Rockern hatte man sich zu fürchten. Es sei nur an das Open-Air-Konzert der Rolling Stones im kalifornischen Altamont erinnert, bei dem die Mitglieder der berüchtigten Rockerbande Hell's Angels als Sicherheitskräfte engagiert wurden, die bei einem Zwischenfall einen 18-jährigen Afroamerikaner erstachen. Die Rolling Stones spielten das Konzert damals zu Ende, um eine allgemeine Panik zu verhindern, flüchteten im Anschluss aber geschockt von der Bühne. Mit diesem Desaster war auch für den sonst so hart gesottenen Mick Jagger die »Flower-Power«- und »Peace«-Ära endgültig vorbei. Später wird er zu dem Vorfall einmal sagen, dass die 1960er traurig geendet hätten und dieses Ereignis doch eine Art Reinigung für sie gewesen sei.

In den 1980er-Jahren treten dann die Hooligans als neue Plage auf den Plan, junge Fußballrowdys, die Fußballarenen und Schauplätze in den Städten vor und nach dem Spiel zu ihren Schlachtfeldern machen.

Durch die massenmediale und schlagzeilenorientierte Berichterstattung Anfang der 1990er-Jahre rückte die Jugendgewalt in ihren heutigen Ausformungen – Gewalt im Schulhof, Delinquenz, Gewaltkriminalität, Aggression aus Langeweile, neuer Rechtsextremismus und Amoklauf – immer mehr in den Fokus der Öffentlichkeit und wurde zu einem Hauptdarsteller auf der politischen Bühne. Rasch wurden Jugendkriminalität und Gewalt auch zum beherrschenden Thema, wenn es um Migration ging.

Reaktionen auf Jugendgewalt

Warum zählen wir das alles auf? Warum werfen wir verschiedene, oft auch nur als Jugendgewalt etikettierte Phänomene scheinbar in einen Topf? Welchen Sinn macht das?

Erstens um darzustellen, dass Jugendgewalt so neu gar nicht ist: Es hat sie immer gegeben und wird sie möglicherweise noch länger geben.

Zweitens um zu verdeutlichen, dass verschiedene Phänomene der Jugendgewalt gerne in einen Topf geworfen werden. Offensichtlich wird je nach den Bedingungen etwas als Jugendgewalt »gelabelt«. Wir verkennen nicht, dass Rowdys und Amokläufe natürlich unterschiedliche Phänomene sind, im Prozess der gesellschaftlichen Etikettierung verkommt aber alles zum Einheitsbrei. So lässt sich nicht mehr wirklich zwischen vordergründig sinnloser Gewalt von Jugendlichen, Amok, Zerstörungswut und Jugendprotest unterscheiden. Das vorschnelle Umhängen des Mäntelchens Gewalt erschwert Zugang, Dialog und Verständnis. Eines scheinen die Phänomene aber gemeinsam zu haben: Protest und Gewalt sind beides oft Lösungsversuche.

Drittens ist das Reaktionsmuster unserer »etablierten« Gesellschaft auf unterschiedliche Ausformungen der Jugendgewalt besonders interessant. Zunächst regiert das Entsetzen, davon betroffen zu werden – als Opfer oder betroffene Eltern. Dann finden sich immer zwei Wege, wie das Problem der Jugendgewalt zu lösen sei: Der erste, eher vorherrschende, ist der »Law & Order«-Weg. Egal ob als Reaktion auf die Halbstarkenbewegung, den Hooliganismus oder Amokläufe – unsere Sicherheit muss gewährleistet sein. Es braucht ein mehr an Strafen, Polizeipräsenz, Autorität, Verboten, Disziplin. Dieser Weg beherrscht stets die politischen Stellungnahmen und die öffentliche Meinung.

Der zweite, etwas zaghaftere Weg wird oft von Pädagogen, Psychologen, Medizinern usw. angedacht. Jugendgewalt wird hier als Ausdruck der Anomie, d. h. gesellschaftlicher Orientierungslosigkeit, des Verlustes kollektiver Werte und Normen, von erlebter sozialer Ungerechtigkeit, zunehmender Individualisierung und Vereinsamung in unserer modernen Gesellschaft, zu straffen Strukturen, fehlender Elternkompetenz, systemischer Entwicklungen usw. gesehen. Fachleute stellen dann rasch Modelle auf, die Erklärungen und Lösungen liefern und nach gewisser Zeit auch gehört werden.

Denken Sie doch einmal an den letzten Amoklauf. Was wurde gefordert? Waffenverbote, strengere Kontrollen an den Schulen, erzieherische Autorität, Disziplin usw.

Dann aber passiert in schöner Regelmäßigkeit eines: Die Aufregung legt sich wieder. Der Aufschrei verstummt, die Deklaration zum zentralen Problem wird wieder hintangestellt. Der Schrei nach den zuerst noch so dringlich gewünschten Lösungen verhallt und es wird wieder zur Tagesordnung übergegangen. Die Gewaltszene, der Amoklauf ist ja vorbei, wird vergessen, vielleicht nicht in der Schule, wo das Geschehene zur Geschichte wird, wo Stühle im Klassenraum danach leer bleiben. Wir als Gesellschaft aber schieben es beiseite, um nicht mit der Angst leben zu müssen. Bis zum nächsten Mal, zum nächsten öffentlichen Aufschrei.

Eine kleine Schlussfolgerung

Betrachtet man die Geschichte der Jugendgewalt in den letzten hundert Jahren, so fällt auf, dass Diskussionen über Jugendgewalt immer dann geführt werden, wenn wir uns offensichtlich in gesellschaftlichen Umbruchzeiten befinden: die Veränderungen Ende des 19. Jahrhunderts, das einsetzende Wirtschaftswunder in den 1950er-Jahren, der Umbruch der 1968er-Jahre, die Idealisierung der Konsumgesellschaft Ende des 20. Jahrhunderts, der Beginn einer neuen, großen Depression Anfang des 21. Jahrhunderts. Dann sind und waren die Schlagzeilen voll von Jugendgewalt und es wird vermehrt darüber gesprochen.

Das lässt bei uns eine provokante These aufkommen: »Jugend« wird in der Berichterstattung nicht differenziert. Es sei explizit festgehalten, dass die Zahl der zu Gewalt neigenden Jugendlichen massiv überschätzt wird. Es ist aber »die Jugend« und ihre Gewalt, von der gesprochen wird. Sie muss als »gewalttätig« herhalten und dient dabei nur als Projektionsfläche für die ungelösten Probleme und Sorgen unserer etablierten Gesellschaft und ihres freien Marktes. Das hat sie nicht verdient, unsere Jugend. So wird (bewusst?) der Blick darauf verstellt, was mit der Jugend tatsächlich nicht stimmt, der Blick auf die wahren Hintergründe der verschiedenen Facetten real vorhandener Jugendgewalt.

Jugendzeit ist unserer Auffassung nach eine Zeit des Übergangs, des Experimentierens, des sich neu Erfindens, der Neuorientierung an Werten, der Idealisierung, oft auch des Aufgehens in Subkulturen; Konflikte und Krisen gehören dazu. Jugend an sich ist nicht mit Gewalt gleichzusetzen. Damit es zu Jugendgewalt kommt, braucht es viele Vulnerabilitätsfaktoren, also begünstigende Faktoren, seien dies genetische, neurobiologische Prädispositionen, schwierige psychosoziale Bedingungen, andere Milieueffekte, der Einfluss von Peers, frühe Gewalterfahrungen, besondere Situationen usw.

Gewalttaten von jugendlichen Tätern regen auf und führen zu der Frage: »Was ist los mit unserer Jugend?« Sie geschehen aber nicht einfach so. Jugendliche Täter werden oft schon früh, auch im kinderpsychiatrischen Sinne, auffällig. Nach Uslucan und Fuhrer sind vor allem Kinder mit Gewalterfahrungen im Elternhaus aggressiver als andere. Kinder, die familiäre Gewalt erfahren, schätzen zwischenmenschliches Verhalten oft falsch als bedrohlich ein und reagieren aus einer Abwehr heraus selbst initiativ aggressiv. Gewalterfahrungen führen also häufig zu einer Gewaltbilligung. Frühe Lernerfahrungen in der Sozialisation durch Eltern, aber auch durch unsere Gesellschaft, ihre Normen und Werte spielen bei Jugendgewalt also eine besondere Rolle. Dies sei nur beispielhaft angeführt, differenzierte Betrachtung tut not.

WOHIN GEHT DIE JUGEND HEUTE?

Um sich dem Phänomen Jugendgewalt weiter anzunähern, bedarf es zumindest einiger Anmerkungen über die Situation unserer Jugend heute, 2010. Wie ist es um unsere Zukunftsträger bestellt? Hat die Jugend von heute Lust auf gar nichts mehr, nur mehr auf die schnelle Action, den Kick und »Thrill«, also nur Lust auf Exzess und Gewalt, die schnelle Befriedigung?

Stimmt es, was allgemein über die Jugend gesagt wird? »Die Jugend von heute liebt den Luxus, hat schlechte Manieren und verachtet die Autorität, sie widerspricht ihren Eltern, legt die Beine übereinander und tyrannisiert ihre Lehrer.« Dieses Zitat würde bestens zu aktuell geführten Diskussionen passen, ist aber bereits 2500 Jahre alt und stammt von Sokrates. Anzumerken ist, dass der Begriff der Jugend verschwimmt, da sich eine klare Begriffsumschreibung, wie ausgeführt, historisch erst vor Kurzem ausgeformt hat, gemeint hat aber wohl auch Sokrates die Generation im Übergang zwischen dem Kindes- und Erwachsenenalter.

Blättert man Berichte der letzten Jahre zur Lage der Jugend durch, so enttäuscht, wie wenig spektakulär und rebellisch die Jugendlichen heute zu sein scheinen. Vom Generationskonflikt ist wenig zu spüren, sagt etwa Beate Großegger vom Institut für Jugendkulturforschung in Wien, die Verfasserin des 4. Berichtes zur Lage der Jugend in Österreich 2009. Klaus Hurrelmann, einer der Verfasser der Shell-Jugendstudien, charakterisiert 2007 die Jugend heute – zumindest in Deutschland – als pragmatisch, ausgestattet mit einem Schuss Optimismus, zugleich aber auch mit viel Skepsis. Und das scheint zu stimmen. Die Zeit der großen Opposition zur Erwachsenenwelt ist vorbei. Seit Jahren bleiben die großen Revolten aus, die beispielsweise noch die 1970er-Jahre geprägt haben. Unverstanden fühlen sich die Jugendlichen von den Erwachsenen meist immer noch. Heute ziehen sie sich aber vielleicht noch mehr als früher lieber zurück und bleiben unter ihresgleichen. Die Gruppe der Gleichgesinnten, die sogenannten Peers, sind zum wahren Bezugssystem avanciert. Dort werden Probleme besprochen.

Noch etwas enttäuscht: Die immer wieder postulierte soziale »Verinselung« oder Vereinsamung der Jugendlichen gibt es im großen Maßstab nicht. Eher eine Tendenz, sich wieder zu vergesellschaften und zu treffen. Die Jugend von heute sucht die Nähe von Gleichgesinnten, denen sie vertrauen kann.

Jugendliche von heute wirken nach außen hin oft irritierend schräg und bunt. Ein Piercing da, ein Flinserl dort. Jungen schminken sich schwarze Augenringe, lackieren sich die Fingernägel schwarz, kleiden sich feminin, mit kessen Röckchen, tragen schwarze Lippen, schrille Haarfarben – einige sehen aus wie Satan persönlich. »Gruftis«, »Emos« und »Gothics«, »Styler« und und

und. Vor allem »Kracher« unterscheiden sich durch ihre signalfarbliche Kleidungssprache in auffälligem Neongelb und Co. klar von anderen, wirken oberflächlich, auf Außenstehende oft proletenhaft. Und dann gibt es da noch die Hip-Hopper usw. Es scheint, als wolle sie provozieren, unsere Jugend.

In ihrem Inneren ist die Jugend von heute jedoch verblüffend solide und wertkonservativ. Die wichtigsten Lebensziele Jugendlicher im deutschsprachigen Raum sind ein harmonisches Familienleben, ein guter Beruf, ein sicherer Arbeitsplatz, gute Freunde. Es besteht generell eine hohe Wertschätzung von Ausbildung und Leistung. Die heutige Jugendgeneration scheint nach dem Motto zu leben: »Nimm dein Leben selbst in die Hand.« Es gibt einen tiefen Wunsch, selbstbestimmt, selbstständig und selbstverantwortlich zu sein. Die Jugend von heute macht sich nach Hurrelmann massiv Sorgen um ihre Arbeit, ihre Zukunft und unseren Planeten. Viele haben nichts an ihrer Erziehung auszusetzen. 71 Prozent würden ihre Kinder genauso erziehen, wie sie von ihren Eltern erzogen werden.

Natürlich spielen Freizeit und Lebensgenuss eine Rolle. Diese werden mit Ordnung, Fleiß, Zuverlässigkeit und Disziplin gemischt. Hurrelmann spricht von einer »frischen Kombination«. Auch die Bereitschaft zur Gründung einer Familie ist groß. Nur bei der Umsetzung wird es laut Hurrelmann schwierig. Die jungen Frauen sind zwar bereit, neben der Arbeit auch für Haus, Kind und Familie zu sorgen, wünschen sich die gleiche Rollenflexibilität aber auch von den jungen Männern. Dazu ist laut Hurrelmann aber nur eine Minderheit von 20 bis 30 Prozent der Männer bereit. Wo tritt dann also die Jugendgewalt auf den Plan, wenn die Jugendlichen heute eigentlich angepasster, wertkonservativer und unpolitischer sind denn je?

Die Ergebnisse aktueller Jugendstudien machen eine Schlussfolgerung deutlich: Nicht »die Jugend« ist gewalttätig, sondern – wie erwähnt – nur ein kleiner Prozentsatz der Jugendlichen.

Aber vielleicht ist die Biederkeit der Mehrheit unserer heutigen Jugend auch nichts anderes als die trügerische Ruhe vor dem Sturm. Die Jugend von heute steht vor enormen Herausforderungen. Werfen wir einen Blick auf diese.

No-Future in der Arbeit trotz hoher Bildung

Die österreichische Jugendstudie und Hurrelmann kommen zu dem Schluss, dass der jungen Generation die Sicherheit und der Halt abhanden kommen. Eine sichere Zukunft ist nicht mehr garantiert. Auch längere Ausbildungszeiten und eine höhere Qualifizierung garantieren nicht den ersehnten fixen Beruf. Der Arbeitsmarkt zeigt sich abwehrend für die junge Generation. Es herrscht ein raues Klima.

Die Angst, unerwünscht zu sein, nicht »am Ball« bleiben zu können, zu scheitern, steigt auch oder gerade bei jungen Frauen und Mädchen. Und das obwohl sie in der Schule oft viel besser abschneiden als die Burschen, da sie in schulischen Belangen leistungsorientierter und fleißiger sind. Wen nimmt es da wunder, dass Skepsis und Pessimismus unserer Jugend zunehmen?

Alles für die Kinder – nur keine Zeit

Heute wird viel für die Entwicklung und Bildung unserer Kinder getan: Kinderkrippen für die Babys, Pflichtkindergarten, geförderte Nachmittagsbetreuung, Ganztagsschulen. Weiters gibt es einiges an Zuwendungen und Förderungen, die auf das Kinderkriegen Lust machen sollen. Unsere Gesellschaft strengt sich an, um eine Vereinbarkeit von Elternschaft, Beruf und Karriere zu ermöglichen. Das ist auch grundsätzlich gut so. Aber wo bleiben Vater und Mutter?

Die müssen arbeiten. Denn schließlich müssen wir unseren Kindern heute alles bieten: das neueste Computerspiel samt Konsole, den besten Carving-Ski, den tollen Urlaub. Und natürlich wollen auch die Eltern selbst ganz vorne mit dabei sein. Beim schicken Neuwagen oder dem neuen Haus auf Kredit, reichhaltigem Kulturgenuss, Wellness und Freizeit. Und das heißt auch in unserer modernen Gesellschaft: Arbeit für beide Elternteile, oft bis zum Umfallen. Weil sonst alles, was Glück und Zufriedenheit verheißt, nicht leist- und machbar ist.

Und was ist mit der Oma? Die will in der Pension auf Reisen gehen, ihr Leben genießen. Für sie ist die Zeit des Windelwechselns Gott sei Dank vorbei. Ab und zu ein kurzer Stippbesuch, ob Mama wohl alles richtig macht, ein paar Tipps im Guten und ein paar Bemerkungen, was man besser machen könnte.

Was bedeutet das alles nun in weiterer Folge? Viele Dinge, von denen die Wissenschaft weiß, dass sie zufrieden und glücklich machen, bleiben dabei auf der Strecke. Stress ersetzt positive Gefühle, isoliertes Vor-sich-Hinarbeiten im Büroalltag positive Beziehungen und Sozialkontakte. Und ebenfalls auf der Strecke bleibt die Zeit für unsere Kinder und Jugendlichen. Nicht, weil die Eltern dies so wollen, sondern weil sie oft nicht mehr anders können. So werden die Sprösslinge vor dem TV-Gerät oder Computer geparkt. Sie unterhalten sich mit sich selber und den Apparaten statt mit ihren wichtigsten Bezugspersonen und finden sich damit auch rasch ab.

Noch nie waren Eltern so in Gefahr, nicht mehr genügend in der Erziehung »vorzukommen«, für ihre Kinder nicht mehr genügend präsent zu sein. Noch nie war die Ambivalenz zwischen der Bejahung des Kinderwunsches, der Sicht der Kinder als höchstes Gut und der tatsächlichen Zeit, die für sie aufgewendet werden kann, so groß wie heute.

Martin Seligman, der Begründer der Positiven Psychologie, weist darauf hin, wie wichtig positive Beziehungen für die Ausformung von Wohlbefinden, Zuversicht und Glück bei Kindern sind. Beziehung und Bindung braucht es vor allem seitens der Eltern. Sonst sind allgemeine Verunsicherung, Orientierungslosigkeit, Bindungsproblematik, Nicht-Begegnung, also dem Phänomen der Wohlstandsverwahrlosung, Tür und Tor geöffnet.

Vielleicht ist das eine Erklärung für das Ausbleiben großer Generationenauseinandersetzungen. Eltern und Kindern ist einfach der Konflikt abhandengekommen. Und Konflikte mögen manchmal herausfordernd sein, oft bis zum Äußersten, aber sie schaffen immer eines: Begegnung mit dem anderen. Und diese tatsächliche Begegnung über die Generationsgrenzen hinweg fehlt den Kindern und Jugendlichen von heute. Hervorgehoben sei: So wichtig Peer-Gruppen auch sind, die Begegnung mit der Elterngeneration ist nicht zu ersetzen.

Die Alten kommen

Sinkende Geburtenraten und Fortschritte in der Medizin haben zur Folge: Unsere Gesellschaft wird immer älter. Dass wir das Glück haben, heute gesund immer älter werden zu können, ist wunderbar. Aber es ist schon eigenartig, dass die öffentliche Meinung von den Jungen verlangt, die Pensionen von morgen zu sichern. Wie soll die Jugend das machen, wenn sie keine Arbeitsplätze findet? Wie soll die Jugend das machen, wenn ihnen die Alten die Studienplätze wegnehmen? (Seniorenstudium ist in!) Hurrelmann zufolge wächst die Sorge der Jugend, von der Mehrheit der älteren Generation bedrängt zu werden. Aber eigentlich wäre zum »Bedrängen« gar kein Anlass. In unseren modernen Industriegesellschaften ist genug Reichtum vorhanden, um die alte Generation völlig auszufinanzieren. Nur über dessen richtige Verteilung muss nachgedacht werden. Stattdessen ängstigt man die Alten und die Jungen. Die

Alten haben Angst, erst später in Pension gehen zu können, und schimpfen die Jungen arbeitsfaul und respektlos. Die Jungen haben Angst, noch mehr Anforderungen erfüllen zu müssen, um überhaupt irgendwie »dabei zu sein«.

Leistungsdruck ohne Ende

Nichts gegen Leistung, aber wie stellt sich dieser Leistungsgedanke heute in der Gesellschaft vielfach dar? Wer ist etwas wert? Offensichtlich nur die Besten. Wer etwas leistet, hat seinen Platz in der Gesellschaft. Er gehört dazu, die anderen bleiben draußen. Das Elitedenken greift um sich. Nur die Besten gehören in die guten Höheren Schulen. Aufnahmeprüfungen filtern die Bestgeeigneten für bestimmte Studien heraus. Für jeden Job braucht es makellose Bewerbungsunterlagen. Manchmal nützen aber auch die nichts mehr – da hilft bestenfalls ein bisschen Vitamin B in Form von Beziehungen etwa durch Vaters Position.

Der Leistungswahn greift um sich und trifft sich bestens mit dem schlechten Abschneiden bei Pisa-Studien, Klagen über sinkendes Bildungsniveau an den Schulen usw. Sagen wir es einmal so: Diese Art von Leistungsdenken gibt ein erstklassiges Feigenblatt dafür ab, dass unsere Gesellschaft drauf und dran ist, sich so zu desorganisieren, dass nicht mehr genug Arbeit für alle da ist, drauf und dran, auch in der Bildung ein Zweiklassensystem zu schaffen.

Und die Eltern machen mit. Jeder hofft, dass sein Kind dabei ist. Nur wer von Anfang an perfekt ist, hat noch gute Chancen. Daher am besten gleich alles: Ballett, Musikinstrument, Fremdsprache, Engagement im Sportverein und beste Noten in der Schule. Der Terminplan unserer Kinder gleicht jenem von Spitzenmanagern. Und die Eltern treiben an. Sie wollen ja das Beste für ihre Kinder. Diese kommen gleich mehrfach in die Bredouille: Leistung bis zum Umfallen und keine Zeit der Eltern für Halt und Trost. Wer da nicht durchkommt, den wirft das System ab.

Unser Grazer Institut für Kind, Jugend und Familie verzeichnet steigenden »Kundenzustrom« solcher Leistungsversager. Nur in wenigen Fällen sind die Kinder und Jugendlichen intellektuell zu schwach, um etwas zustandezubringen. Sie sind und werden schlichtweg überfordert.

Überforderung ist unserer Meinung und Erfahrung nach einer der Hauptgründe für das Auftreten von psychischen Problemen bei an sich gesunden Kindern und Jugendlichen. Wen nimmt es wunder, dass diese oft wütend und aggressiv werden? Das Streben nach höchstmöglichem Bildungsgrad macht Eltern oft blind für wahre Talente. Es wird nicht gefördert, was Kinder und Jugendliche gut können, sondern einfach immer noch mehr von ihnen gefordert. Das droht Jugendliche in vermehrtem Maß aussteigen zu lassen.

Pulverfass Desintegration

Eines der Schlagworte des vereinten Europa ist Integration. Für jeden soll überall Platz sein. So der Slogan der Europäischen Union. Im Gegensatz zu den USA soll der Melting Pot gelingen. Wie sieht das nun aus, bei den jungen Bosniern, Ex-Jugoslawen, Kosovo-Albanern, Türken, aber auch Rumänen und Bulgaren usw. in unserem Land? Sie »integrieren sich« nicht, sie stranden. Alle Zeichen deuten darauf hin, dass unsere Gesellschaft ihnen keine Chance gibt, auf Augenhöhe mit uns zu kommen. Ihnen fehlen Zugangsmöglichkeiten, Entwicklungsmöglichkeiten, Bildungsmöglichkeiten usw. Der beste Platz, den wir ihnen anbieten, ist jener am unteren Ende unserer Gesellschaft.

Dort finden sich in vermehrtem Maße auch schon andere von unserer Gesellschaft Durchgereichte, Landsleute, die es nicht geschafft haben. Hurrelmann nennt eine Gruppe junger Männer, meist mit niedrigem Bildungsgrad und ohne Aussicht auf Job, die sich richtig abgehängt fühlen, sogenannte Modernisierungsverlierer. Als wollten wir nicht wahrhaben, dass unsere Gesellschaft in vermehrtem Maße auch »einheimische« Opfer erzeugt, machen manche von uns diese gerne zu Tätern. Wir nennen sie dann Sozialschmarotzer, faules Pennerpack usw. Diese neue »Klasse« baut sich Gegenwelten auf und findet auch dankbare Sündenböcke in den Ausländern.

Diese Prozesse der Desintegration sind eine explosive Mischung. Welche andere Möglichkeit bleibt den ausländischen Jugendlichen – um wieder auf diese zurückzukommen –, bleibt diesen Jugendlichen, die »draußen bleiben«, als sich innerhalb der eigenen Kultur zu orientieren, der eigenen Religionsgemeinschaft die Treue zu schwören, um irgendwo einen Halt zu finden? Noch viel schwerer haben es Jugendliche türkischer oder bosnischer usw. Herkunft, die schon bei uns aufgewachsen sind. Sie befinden sich in der Zwickmühle zwischen den Traditionen ihrer Herkunftsländer und den Freiheiten westlicher Sozialisation.

Und was machen wir? Wir geben dem Islam die Schuld. Vielleicht weisen wir auch noch darauf hin, dass die Betreffenden auch schon in ihren Herkunftsländern oft als Abschaum und Desintegrierte angesehen wurden. Damit lässt sich gut Stimmung machen. Es führt aber auch dazu, dass sich die desintegrierten Ausländer ebenfalls ihre Feindbilder aufbauen, nämlich uns, »die Österreicher«.

Eine weitere Zündlunte der Desintegration brennt: Immer mehr, vor allem junge Männer, in- und ausländischer Herkunft, drohen durch den Rost der Gesellschaft zu fallen. Sie werden in den »Vorstädten« und »Plattenbauten« im Stich gelassen. Mit ihrem mäßigen Bildungsniveau, veralteten »Macho«-Werten, unsicheren sozialen Beziehungen haben sie keine Chance auf Arbeit und gesellschaftliche Teilhabe. Dafür aber jede Menge enttäuschter Hoffnung.

Diese Menschen beginnen sich auch vermehrt gegen die etablierte Ordnung zu wenden. Sie kündigen den Regeln und Vorschriften des Establishments die Gefolgschaft auf. Welche Auswirkungen das haben kann, haben uns hunderte brennender Autos in Pariser Vorstädten eindrucksvoll vor Augen geführt. All diese desintegrierten Gruppen kennen auch einen gemeinsamen Feind: die staatliche Ordnungsmacht, die Polizei. Trotz aller Rivalitäten, Vorbehalte und Unterschiede zwischen den Gruppen gibt diese ein erstklassiges Feindbild für alle ab.

Das Pulverfass der Desintegration erlaubt einen Blick auf die mögliche Entstehung einer Facette von Jugendgewalt in unserer Gesellschaft. Wir laufen Gefahr, die Jugend aus dem Wir-Gefühl unserer Gesellschaft auszuschließen. Was bleibt desintegrierten Gruppen anderes übrig, als ein Wir gegen die anderen aufzubauen? Dort, im Kampf um Positionen und Beziehungen, wird Gewalt legitim, wird zum Beziehung stiftenden Mittel.

Wir sollten schleunigst aus diesem Prozess aussteigen. Wenn wir mit Ausländerressentiments, mit Vorbehalten gegen unsere Jugend Öl ins Feuer gießen, wird die Situation eskalieren. Wir sollten aussteigen. Das geht am besten, indem wir diese Gruppen nicht weiter ausgrenzen, sondern mit ihnen in Beziehung treten.

Angesichts der eben geschilderten Herausforderungen, vor denen die Jugend steht, ist das, was an Jugendgewalt, Rebellion und Revolte sichtbar wird, noch marginal. Noch, so der deutsche Jugendforscher Klaus Hurrelmann in einem ARD-Interview 2007, hält die Masse der Jugendlichen still. Die Kritik und das Unbehagen aber steigen. Das zeigen die Studentenproteste Ende 2009 in Österreich, aber auch immer wieder aufflammende Jugendproteste in ganz Europa. Darin wird die ungebrochene Bereitschaft unserer Jugend deutlich, sich Gehör zu verschaffen. Die Shell-Jugendstudie 2010 wird der Jugend aller Wahrscheinlichkeit nach attestieren, zunehmend politischer zu werden.

Kleinere Rebellionen, Gesellschaftskritik, konstruktive Auseinandersetzungen mit Normen und Werten haben unserer Meinung
nach noch nichts mit Jugendgewalt zu tun, sie können aber rasch
explodieren. Jugendgewalt existiert noch »nur« in Facetten. Hören
wir unserer Jugend allerdings nicht zu, laufen wir Gefahr, den Jugendkult Gewalt heraufzubeschwören.

FACETTEN DER JUGENDGEWALT

Jugendgewalt begegnet uns in vielen verschiedenen Facetten oder
Ausformungen. Schlagzeilen und Statistiken scheinen den Würge-
griff, in dem sich unsere Gesellschaft durch diese neuen Formen der
Gewalt befindet, zu belegen. Ausprägungsformen sind: Delinquenz,
Antisozialität, rassistisch-rechtsextrem motivierte Gewalt, Konsum
von Gewaltspielen am Computer, »Snuff-Videos« am Handy, Bullying, Mobbing, Selbst- und Fremdgefährdung/-verletzung, Amoklauf usw. Diese wollen wir im Einzelnen darstellen. Abschließend
sollen die dargestellten verschiedenen Facetten zu Thesen der (Jugend)Gewalt heute zusammengefasst und Zusammenhänge mit einem möglichen Jugendkult Gewalt dargelegt werden.

**Jugendgewalt, Delinquenz und antisoziales Verhalten nicht nur
im Spiegel der Statistik**

Irreführende Statistik?
Vielleicht ist dieser Befund etwas platt, aber in der öffentlichen
Meinung festigt sich das Bild der »bösen« Jugend. »Jugendliche
werden immer brutaler, immer häufiger straffällig«, »Immer jüngere

Täter«, so lauten die Schlagzeilen in unseren Medien und Köpfen. Statistiken unterschiedlicher Quellen scheinen dies zu belegen. Das Hochglanzmagazin »News« berichtet von einem rasanten Anstieg der Kinder- und Jugendkriminalität. Die steigende Zahl von Anzeigen gegen 10- bis 14-Jährige (25,8%) sowie gegen 14- bis 18-Jährige (8,6%) im Jahr 2008 gegenüber dem Vorjahr 2007 wird als scheinbar dramatische Zunahme der Jugenddelikte präsentiert. Dass Anzeigen noch keine Delikte und schon gar keine strafrechtlichen Verurteilungen sind, fällt dezent unter den Tisch. Statistik im Dienste der Jugendgewalthysterie?

Das Bundesministerium für Inneres drückt es schon deutlich vorsichtiger aus. Es spricht von »besorgniserregenden Trends«.

Wie Statistiken der »Austria Presse Agentur«, die sich wiederum auf Zahlen des Bundesministeriums für Inneres stützen, nahelegen, scheint sich dieser Trend schon seit Längerem abzuzeichnen. Von 2001 bis 2006 beispielsweise kam es demnach zu einem Anstieg der Anzeigen wegen schwerer Körperverletzung von 80 Prozent und wegen schweren Raubes sogar von über 220 Prozent.

Diese Zahlen jugendlicher Tatverdächtiger lassen natürlich ein pessimistisches Bild entstehen, das als solches auch gar nicht wegdiskutiert werden soll. Es ist auch nicht unsere Absicht, Jugendgewalt zu bagatellisieren. »Anzeigenstatistiken« im Dienste einer dramatischen Berichterstattung sind einer fundierten Auseinandersetzung mit dem Phänomen Jugendgewalt aber nicht dienlich.

Andere Studien sehen die Sache differenzierter. Zu Strafanzeigestatistiken wird hier auch Material aus anderen validen Quellen hinzugezogen. (Das heißt, dass diese Daten eine hohe Gültigkeit haben.) So sanken an den deutschen Schulen die Anzahl der bei Versicherungen meldepflichtigen Raufereien, in deren Folge ein Arzt konsultiert wurde.

Auch das Wiener Institut für Rechts- und Kriminalsoziologie attestiert diesen Daten eine hohe Aussagekraft. Eine entsprechende

Statistik für Österreich wurde unter anderem in der Tageszeitung »Die Presse« veröffentlicht. Zahlen der Allgemeinen Unfallversicherungsanstalt zufolge ist auch an Wiener Schulen ein Rückgang schwerer Raufunfälle zu verzeichnen.

Noch einmal zurück zum Anstieg der Anzeigen als Indikator für steigende Jugendgewalt. Das Kriminologische Institut Niedersachsen sieht eine massive Diskrepanz zwischen Anzeigen und tatsächlichen Verurteilungen, gerade bei Gewaltkriminalität. Bei Erstgenannten gibt es zwar eine Steigerung, aber nicht einmal einem Fünftel der Anzeigen folgt auch tatsächlich eine Verurteilung. Steigende Anzeigenzahlen haben für uns demnach einen anderen, durchaus positiven Wert. Sie weisen darauf hin, dass bei Gewalt vielleicht heute doch weniger weggeschaut wird. Bei Sachbeschädigungen und anderen von Kindern und Jugendlichen verübten kleineren Delikten wird im Gegensatz zu früher weniger oft ein Auge zugedrückt.

Eine differenzierte Betrachtung zeigt auch, dass Täter und Täterinnen immer jünger werden, wobei Gewalt vor allem bis zu einem Alter von etwa 25 Jahren, am deutlichsten zwischen 14 und 21 Jahren, ansteigt. In der Altersgruppe der 8- bis 14-Jährigen sowie ab 25 sind deutlich geringere Anstiege, bisweilen sogar kaum Veränderungen festzustellen. Erfreulich ist auch, dass seit Mitte der 1990er-Jahre Tötungs- und Raubdelikte wieder rückläufig sind. Körperverletzungen hingegen nehmen zu.

Was soll das nun alles, dieses statistische Hin und Her? Statistiken zu Jugendgewalt können sehr hilfreich sein, wenn sie in ihrem Gesamtzusammenhang gesehen, differenziert betrachtet und seriöse Datenbasen verwendet werden. Einzelne Trends aus dem Zusammenhang zu reißen sorgt zwar für tolle Überschriften, macht aber Angst, verfestigt Stereotype und hilft nicht weiter.

Welche Rückschlüsse können wir nun aus diesen Statistiken ziehen?

- Es ist einfach nicht richtig, dass immer mehr und immer jüngere Kinder zu Gewalttätern werden.
- Es ist Gott sei Dank auch noch nicht richtig, dass Gewalt zu etwas Alltäglichem für unsere Kinder und Jugendlichen geworden ist.
- Und es ist nicht richtig, dass Jugendliche, die einmal gewalttätig werden, immer gewalttätig bleiben. Jugendgewalt scheint Gott sei Dank ein überwiegend entwicklungsbedingtes Durchgangsphänomen zu sein. Besonders im Alter zwischen 14 und 21 Jahren ist eine deutliche Zunahme von Gewalttaten zu verzeichnen.

Was meint Delinquenz und antisoziales Verhalten?

Im Zusammenhang mit Jugendgewalt wird immer wieder von Delinquenz, antisozialem und dissozialem Verhalten gesprochen. Was ist darunter eigentlich zu verstehen? In ihrem Buch »Entwicklungspsychologie« beschreiben Oerter und Montada delinquentes Verhalten als Verhalten, das die soziale Ordnung nicht beachtet, andere verletzt, benachteiligt und gefährdet, sowie die absichtlich verursachte Beschädigung von Objekten bzw. »juristischen« Sachen.

Für antisoziales Verhalten findet sich eine breitere Definition. Damit lassen sich auch »nur« Verletzungen von Normen und Pflichten beschreiben, die in einer Gesellschaft allgemein anerkannt sind. Das führt uns zu einer interessanten Beobachtung: Was eine Ordnungsverletzung, was eine Straftat ist und welche Handlung einen Straftatbestand erfüllt, ist von Kulturraum zu Kulturraum verschieden. Aber möglicherweise auch innerhalb eines solchen. Zu den Ordnungsverletzungen und Straftatbeständen finden sich ambivalente Einstellungen und Haltungen. Wie steht es denn um Ihre Delinquenz, Antisozialität und Straffälligkeit?
- Sind Sie noch nie ohne Fahrschein in der Straßenbahn gefahren?

- Haben Sie noch nie betrogen (z. B. falsche Angaben bei der Versicherung gemacht)?
- Haben Sie noch nie gestohlen (z. B. illegales Gratis- Downloaden von Musik, Software)?
- Haben Sie noch nie jemanden verleumdet?
- Haben Sie ihrem Kind noch nie eine »gesunde« Ohrfeige gegeben, es noch nie geschlagen?

Bei dem einen oder anderen »kleineren« Fehltritt ertappen wir Erwachsenen uns alle einmal, da drücken wir dann bei uns selbst gerne ein Auge zu. Wer frei ist von Schuld, der werfe den ersten Stein, zitieren wir dann beredt das Evangelium. Und: Schwein gehabt – nicht erwischt! Mit so viel Nachsicht unsererseits kann die Jugend jedoch nicht rechnen. Die Gewalthysterie droht in der Diskussion über Jugendgewalt den Blick darauf zu verstellen, dass ein beträchtlicher Anteil der Jugendgewalt sogenannte Entwicklungsdelinquenz ist, also Gewalt, die isoliert in der Jugendzeit auftritt.

Mindestens ein Viertel der Jugendlichen kommt im Verlauf der Pubertät irgendwann dazu, eine Gewalttat zu begehen: Der Jugendliche schlägt dem Mitschüler in der Pause am Schulhof als Reaktion auf eine Provokation einen blauen Fleck; er »zerlegt« mit Freunden das Inventar eines Abbruchhauses und übt sich beim Sprayen von Graffitis in seiner künstlerischen Freiheit und Kreativität; er schmückt sein Zimmer mit einem »eroberten« Mercesstern, zerkratzt ein teures Auto, belästigt, verspottet, beschimpft oder pöbelt jemanden an, ist in die eine oder andere Rauferei unter Gleichaltrigen verwickelt. Wie war das bei Ihnen?

Statistisch gesehen ergibt sich eine Hauptrisikogruppe und ein sicherer Indikator für Aggression und Gewalt: das männliche Geschlecht. Hochgerechnet sind nämlich etwa zehnmal weniger Mädchen an Gewalttaten beteiligt.

Und wie ist das nun mit der Mädchengewalt? Gewaltformen

wie das Zuschlagen oder die Verletzung anderer sind bei Mädchen tatsächlich deutlich seltener zu beobachten als bei Burschen. Nur eine ganz kleine Gruppe wendet diese Formen von Gewalt an. Und wenn, dann sind zwischen Mädchen und Burschen keine qualitativen Unterschiede mehr zu finden.

Bei der Betrachtung von Mädchengewalt ist unserer Meinung nach immer ein Faktor mit zu berücksichtigen: Frauen und Mädchen sind – und daran kann leider kein Zweifel bestehen – in unserer Gesellschaft oft Opfer struktureller Gewalt. Sie werden benachteiligt in Bezug auf Berufs- und Karrieremöglichkeiten. Stereotype sind nach wie vor eindeutig: Mutter, Hausfrau, Sexsymbol. Junge Frauen sind auch häufig Opfer häuslicher und sexueller Gewalt.

Gewaltausübung ist Mädchen und jungen Frauen unserer Meinung nach aber nicht fremd. Mädchen zeigen mehr subtile, indirekte (Beziehungs)Aggression wie Gerüchte verbreiten, Dritten mit Aufkündigung der Freundschaft drohen usw. Burschen neigen mehr zu offener physischer und verbaler Aggression. Insgesamt gesehen verlieren sich die Geschlechtsunterschiede bei Aggression und Gewalt zunehmend.

Aber zurück zur Jugenddelinquenz. Der weiter oben beschriebenen Formen der Gewalt, nämlich Delinquenz und dissoziales/antisoziales Verhalten, bedienen sich unsere Kinder meist frühestens in der Pubertät, und zwar punktuell. Die überwiegende Mehrheit der Jugendlichen setzt ihre Aktivitäten im jungen Erwachsenenalter nicht mehr fort. Sie haben sich weiterentwickelt, sind gereift.

Die Anwendung dieser Art von Gewalt kann also mit Fug und Recht als Entwicklungsphase beschrieben werden. Als Phase des Experimentierens, des sich neu Erfindens. Gern gesehen ist solch jugendlicher Leichtsinn oder Übermut dennoch nicht. Hier scheint die Toleranz eindeutig abgenommen zu haben.

Paradoxerweise wird dadurch aber der zweite in der Literatur beschriebene Typ des jugendlichen Gewalttäters in den Hintergrund gerückt: der/die sogenannte Gewalt-Frühstarter/in. Gewalttätige Handlungen, Aggressionen beginnen meist schon in der frühen Kindheit und hören auch nach der Pubertät nicht auf. Sie bleiben als fortdauernde, überdauernde Verhaltensmuster bestehen. Nichts scheint zu wirken. Diese Jugendlichen haben auch meist eine eindeutige Biografie.

Wie bei dem in amerikanischen Kriminalfilmen bei der Jagd auf Psychopathen eingesetzten Profiling wollen auch wir jetzt ein Bild dieser Jugendlichen zeichnen: Schon im Kleinkindalter haben diese Kinder immer geschrien und keinen Rhythmus gefunden. Im Kindergarten waren sie störrisch, aufsässig und schwer integrierbar. Meist begleiten schlechte Schulleistungen und eine vergleichsweise eher niedrigere Intelligenz diese Kinder und späteren Jugendlichen. Aufmerksam zu bleiben fällt ihnen ebenso schwer wie ihre Impulse zu kontrollieren. Teilleistungsstörungen wie Lese- oder Rechtschreibschwächen finden sich gehäuft.

Aber selbst von Jugendlichen mit dieser »Täter«-Biografie wird nur ein Bruchteil wirklich dauerhaft gewalttätig. Gewalt braucht die »richtigen« Situationen, die »richtige« Gelegenheit, die förderlich zusammenwirkenden Bedingungen, die Peer-Gruppe, das Milieu, die Sozialisation des Jugendlichen und eine Vielzahl anderer personen- und/oder umweltbezogener Faktoren.

Können wir nun zusammenfassend sagen, ob die Jugend heute mehr oder weniger zu Gewalt neigt?

Gesichert scheint, dass die Zahl der von Jugendlichen begangenen Gewalttaten insgesamt steigt. Ist dies vielleicht nur der Tatsache geschuldet, dass heute über vieles nicht mehr hinweggesehen wird? Schließlich hat unsere Gesellschaft die Gewalthysterie erfasst, und das lenkt recht gut von der strukturellen Gewalt ab, die es bei uns immer noch gibt.

Deutlich festzuhalten jedenfalls ist, dass die große Mehrheit der Gewalttaten von wenigen Jugendlichen begangen wird. Ebenfalls nur ganz wenige Jugendliche scheinen aufgrund ihrer Biografie, ihrer genetischen, neurobiologischen, intellektuellen und charakterlichen Disposition sowie ihrer sozialen Umstände heute zu unfassbaren, brutalen Taten fähig. Das soll nicht beschönigt werden. Statt sie allerdings als Monster anzustarren, sollten wir uns aber überlegen, was sie letztendlich zu ihren Taten befähigt. Mehr dazu im dritten Kapitel des Buches.

»Fremdenhass« und Jugendgewalt

Der Playground der Rechtspopulisten
Lassen Sie uns ein Beispiel aus meiner Heimatstadt bringen. Wenn Sie Graz kennen, es schon einmal besucht haben und – lassen Sie es uns frech sagen – schon ein bisschen älter sind, dann können sie sich vielleicht noch an den Grazer Griesplatz vor 20 Jahren erinnern. Er war als Zentrum des Rotlichtmilieus und des nächtlichen Treibens verrufen. Untertags hingegen herrschte Marktplatzatmosphäre. Da ein kleiner Laden, dort ein Kiosk, hier die Gemüsehalle, dort der Würstelstand. Ein bisschen schmutzig war er früher immer, der Griesplatz, und die heimliche Liebe der Grazer. Jeder Österreicher, der Graz besuchte, musste ihn gesehen haben.

Heute, 2010, ist der Griesplatz sauber, die Häuser sind frisch renoviert, die Bordelle bis auf einige wenige Ausnahmen in den Seitengassen an lukrativere Orte gezogen. Einzig der Würstelstand hat überlebt, umringt von Kebabbuden und Gemüseläden. Die neuen Ladeninhaber sind keine Österreicher mehr, es sind Türken, Albaner, Bosnier, Araber, Inder – wer weiß das schon so genau. Denn der Griesplatz gehört nun den Ausländern.

Es sieht aus und geht zu wie in Kampala am African Marketplace oder am türkischen Basar östlich von Istanbul. Vielleicht kennen Sie ähnliche Plätze und deren Abwandlungen in Ihrer Heimat.

Die St.-Andrä-Schule, eine Haupt- und Volksschule ganz in der Nähe des Griesplatzes, hat einen Ausländeranteil um die 80 Prozent unter ihren Schülern und Schülerinnen. Dort geht es im wahrsten Sinne des Wortes »wild« zu. Ursprünglich als Vorzeigeintegrationsprojekt unserer Stadt geplant, kann die Schule diesem Anspruch schon längst nicht mehr gerecht werden. Der »normale Grazer«, auch die Jugendlichen, meidet diese Gegend um den Griesplatz heute lieber und man ärgert sich: Jetzt sind sie auch noch legal da, diese Ausländer! Wegen der Europäischen Union. Sie »dürfen« alles und müssen sich nicht anpassen und integrieren. Wenn man nur all die Kopftücher und verschleierten Frauen sieht.

Alles nur wegen der EU. Jetzt sollen auch noch die Türken beitreten. Die österreichischen Interessen werden ausverkauft.

Die fremden »Zug'reisten« kriegen das Geld, das unsere österreichischen Kinder und Jugendlichen dringend brauchen würden. Kein Wunder, dass für unsere Kinder keine Lehrplätze mehr da sind, dass der gutbürgerliche, nun arbeitslos gewordene Vater seine Familie nicht mehr ernähren kann und unserem Sozialstaat das Geld ausgeht.

Laut sagt das allerdings keiner, denn »alle« sind für die Integration, den gleichberechtigten Schulgang. Aber in die St.-Andrä-Schule schickt niemand seine Kinder, wenn er es irgendwie vermeiden kann.

Die Straches und die Angst der Österreicher
Politikwissenschaftler sind sich weitgehend einig: Die Europäische Union steht vor allem bei Fragen der Migration vor großen Herausforderungen. Bei den einheimischen Bevölkerungen schafft Zuzug Angst und Unsicherheit. Sie bleiben über, die »guten Österreicher«, mit ihren Ängsten, und geben diese an ihre Kinder weiter.

Die Angst vor der Komplexität des Fremden, dem Nicht-Verstehen der Sprachen, den anderen Gesichtern, dem anderen Temperament, den anderen Sitten und Kulturen. Es will nicht in die Köpfe hinein, dass sie alle jetzt bei uns sind und auch bleiben werden, wo wir und unsere Kinder im Land doch selbst so viele Probleme haben. In Österreich gibt es nun Gott sei Dank Politiker, die laut aussprechen, was andere sich nur leise denken oder höchstens hinter vorgehaltener Hand sagen: »Die Ausländer gehören dorthin zurück, wo sie hergekommen sind. Wir brauchen keine Asylbetrüger, kein Minarett und keinen Schleier!« Der Slogan lautet: »Daham statt Islam.« Wir nehmen schon Ausländer, aber nur solche, die sich integrieren, die etwas für uns leisten und sich benehmen können.

Ob Sie es glauben oder nicht, in Krisenzeiten ist ein derartiges Vorgehen für die Verängstigten enorm hilfreich. Die Straches dieser Welt sind die Psychagogen der Ängstlichen. Erstens reduzieren sie Komplexität. Alles ist klar und einfach: hier wir und unsere Kinder, dort die Ausländer, die Fremden, und ihre Brut. Zweitens schaffen sie durch die Bildung subtiler Kategorien – hier die »guten Österreicher«, dort die Ausländer – Orientierungsrahmen, an denen man sich, verunsichert durch die Krise, festhalten kann.

Die Jungen laufen ihnen zu, ihnen, den Starken, Mutigen. Kein Wunder in einem No-Future-Zeitalter für unsere Jugend.

Nein, mit den Straches kommt nicht gleich die neue Jugendgewalt. Sie zeigen auf, was offensichtlich schief läuft in unserer Jugend. Sie machen Mut, sich aufzulehnen, schwören ein auf Entschlossenheit und Kampf. Gewalttätig, nein, das sind sie nicht. Dazu passt die Zeit nicht. Vielleicht kennen Sie solche Charaktere in ihrer Heimat.

Straches wirken. Gerade deshalb wäre es fahrlässig, die Ängste, die Fremdsein und »multikulti« in vielen von uns und – übertragen – in unseren Kindern und Jugendlichen auslösen, nur als rechtsverdrehte, wirre Emotionalität des einfach gestrickten Mannes von der Straße zu verkennen. Diese Angst existiert real in vielen, aktiviert Alarmsysteme und Bewältigungsversuche. Es hilft auch wenig, denen, die »Fremdenhass« aufgreifen, plakativ Nazi-Nähe vorzuwerfen.

In der Migrations- und Integrationspolitik ist bekannt, dass die Aufnahmegesellschaft ab einem gewissen Anteil von Migranten aufgrund der Unterschiedlichkeit der Menschen vor großen Herausforderungen steht. Zu bedenken gilt es auch, dass Sympathie von Erfahrungen abhängt, aber auch davon, wie ähnlich oder unähnlich wir einander sind. Wir neigen auch dazu, von einzelnen negativen Erfahrungen auf das Ganze zu schließen. Nicht zu unterschätzen sind Stereotype. Was denken Sie, wenn Sie »die Türken« hören?

All das sind bekannte psychologische Phänomene. Vielleicht tragen manche auch nur die Meinungen ihrer Eltern nach außen. Wie etwa der siebenjährige Franzi, der in der Schule »Scheiß-Ausländer« und »Heil Hitler« schreit. Das ist mutig und cool.

Nur empört zu sein oder zu bagatellisieren wird hier nicht helfen. Mit diesen Realitäten müssen wir uns auseinandersetzen, sonst nutzt es nur denen, die an »Fremdenhass« als Sprache der Angst anknüpfen und aus Feindbildern politisches Kapitel schlagen wollen.

Achmed auf Feindfahrt
Aber es gibt nicht nur junge »No-Future-Österreicher«. Es gibt auch Achmed und seine Freunde. Vor Jahren hat der Vater sie nach Österreich nachgeholt. Damals waren sie noch kleine Kinder. Auch die Mutter ist mitgekommen. Sie kann bis heute nicht Deutsch. Achmed und seine Freunde können unsere Sprache leidlich. Lieber aber sprechen sie türkisch. Der Vater sieht das gern, die Großeltern und die Mutter auch. Viel zu lachen haben sie nicht, die 13- bis 14-jährigen jungen Türken. Die Lehrer sehen sie schief an und wissen nicht, was sie mit ihnen anfangen sollen. Beim Vorstel-

lungsgespräch für einen Lehrplatz wird ihnen mehr oder weniger klargemacht, dass sie zweite Wahl sind.

Gleiches lässt sich für Reginald und seine Freunde, die Jungs aus Nigeria, sagen. Diese Jungen können sogar Englisch und Deutsch. Aber sie sind die jungen Schwarzen mit den Drogen, die unsere jungen weißen Töchter verführen, der Angst und Schrecken der alten Damen am Jakominiplatz in Graz und im Stadtpark.

Chancen, aus der Misere herauszukommen, sehen Achmed, Reginald und Freunde nur wenige. Sie haben auch nur wenige. Das schlägt aufs Gemüt. All das, was ihnen ständig versagt wird, macht auch wütend und so beschließen Achmed und Co sich zu nehmen, was für sie nicht so einfach zu bekommen ist wie für andere, was wir, die Gesellschaft, ihnen vorenthalten. Auch »haben wollen« ist ein Leitmotiv.

Es ist verständlich, dass vielen da Angst und Bange wird. Endlich muss jemand her, der unsere Heimat wieder von diesen fremdländischen Subjekten, diesen kriminellen Elementen »säubert«.

Wo auch immer Achmed und seine Freunde hinkommen – es können auch Schwarzafrikaner, Albaner usw. sein –, erkennen sie schnell ihre »Feinde«. Sie benehmen sich schon so, dass sie sich Feinde machen. Wer ihnen nicht passt, der oder dem wird nachgestellt. Wer als Bub dann nicht den Mund hält, wird vermöbelt. Mädchen werden belästigt und beschimpft. Dass der Ort dann vielleicht gerade der Platz vor dem Jugendzentrum ist, stört nicht. Wenn es dann ein Hausverbot setzt, wissen die Jugendlichen wenigstens, wo sie ihre Feinde finden, und kommen wieder.

Droht eine neue, fremdenhassinspirierte Jugendgewalt?
Sehen wir uns folgendes Szenario an. Desorientierte, um ihre Zukunft bangende einheimische Jugendliche, oft mit monotoner Plattenbaurealität, nehmen Ausländer als Sündenböcke und gehen in ihrer Siedlung pogromartig gegen sie vor. Chancenlose, auf ein Unterschichtsdasein zurückgeworfene junge Ausländer schließen

sich zu Gruppen zusammen und gehen gegen jene vor, die sie behindern: die Inländer, die Gesellschaft, deren Kinder und Jugendliche. So gesehen in Berlin und der Ex-DDR.

Kann so etwas zur Regel werden? Noch sind Eskalationsmuster, dass Banden einheimischer Jugendlicher auf der Suche nach Ausländern durch die Straßen patrouillieren und dabei auf ausländische Gangs treffen, die Ausnahme. In Europa und vor allem in Österreich. Aber auch hier haben wir die traurige Gewissheit: Es existieren neonazistische Gruppierungen, bei denen Ausländerhatz bereits am Programm steht. Und es gibt die mafiaartig organisierten »Gangs« junger Türken, Albaner usw. Noch aber sind sie im Hintergrund, nichts für die breite Masse der Jugendlichen.

Leider besteht aber die Gefahr, dass wir in Zukunft auf eine neue Welle fremdenhassinspirierter Jugendgewalt auflaufen. Warum, weshalb? Wie kann es dazu kommen? Im Folgenden einige Überlegungen dazu:

1. Rechtspopulisten polarisieren in ihrem Umgang mit dem Fremdenthema. Sie führen auseinander. Sager wie: »Daham statt Islam«, »Schluss mit dem Asylmissbrauch«, »Weg mit dem Kopftuch« werten, gewollt oder ungewollt, ab. Durch das Ansprechen von Vorurteilen schaffen sie »gefährliche Menschen zweiter Klasse«. Plötzlich, ganz unmerklich, hat ausländerfeindliches Stammtischgerede ein offizielles Gesicht. In Kapitel 3 werden wir genauer ausführen, wie Abwertung und Entmenschlichung auch die Lautersten unter uns dazu bringen können, »böse« zu werden. Besonders gefährdet darauf anzuspringen sind Jugendliche in ihrer Suche nach Halt und Orientierung sowie nach einer Lösung für ihre Probleme. Sie sind oft noch nicht in der Lage, ausreichend zu reflektieren, und daher leicht von gewaltbetontem Gerede zu begeistern, verspricht das doch Erfüllung, Selbstwert und Stärke. Allerdings werden Gräben so immer weiter

aufgerissen. Dadurch wächst die Angst auf beiden Seiten. Das wiederum fördert und kultiviert möglicherweise Gewalt.

2. Eine nicht zu unterschätzende Rolle für das Entstehen einer neuen Jugendgewalt spielt unserer Meinung nach die Doppelmoral in Bezug auf das Ausländerthema, die vielerorts noch vorherrscht. Tief verwurzelt in vielen von uns sind Vorurteile gegenüber den Türken, Albanern, Muslimen usw., die uns »unsere Arbeit«, »unsere Heimat« nehmen. Wir haben Angst, dass alles in einem »Multikulti«-Sumpf untergeht. Nach außen hin sagen wir kaum etwas, weil wir uns das vielleicht nicht trauen, es sich nicht gehört. Wir geben uns verständig, interessiert, freundlich zugewandt. Natürlich sind wir für Integration, natürlich sind die Ausländer bei uns willkommen. Und trotzdem freuen wir uns klammheimlich, wenn einer »das Problem mit den Ausländern« laut anspricht. Wählen würden wir so einen nie. Was, glauben Sie, macht eine solche Ambivalenz mit unseren berechtigten Ängsten? Was, glauben Sie, hat das für eine Wirkung auf unsere Kinder und Jugendlichen?

3. Doppelmoral findet sich auch bei den meisten etablierten Salonparteien in der Ausländerfrage. Man grenzt sich von den Rechtspopulisten ab, dann wieder nicht. Man gibt sich verständig ausländerzugewandt, man konstatiert eine große Herausforderung. In Sonntagsreden werden den Einheimischen und den Ausländern gezielte Integrationsprogramme versprochen. In der Realität passiert vergleichsweise wenig. Wenn es um Stimmen geht, springt man auch gern auf den populistischen Zug der Ausländerskepsis auf. Heraus kommt ein Fähnchen im Wind. Einige Beispiele: Einmal für EU und Integration, einmal dagegen. So, wie der Boulevard es will. Oder nehmen Sie die Haltung Österreichs zur Frage der Aufnahme von Migranten in der EU. Wie viele Positionen ha-

ben Sie schon gehört, wie die Integrationsfrage wirklich gelöst werden soll? Was bewirkt eine solch doppelbödige Politik? Die Menschen mit ihren berechtigten Ängsten bleiben übrig. Vor lauter Gerede begegnet man ihnen nicht. Der direkte Kontakt zu ihnen fehlt. Sowohl zu den besorgten Einheimischen als auch zu den besorgten Ausländern. Es wird über die Ängste der Menschen hinweggeregiert. Das leistet dem Entstehen und der Verstärkung von unüberbrückbaren Differenzen Vorschub. Das steigert Ohnmacht und Verzweiflung, emotionalisiert ungewollt – denn keinem Politiker sei eine böse Absicht unterstellt – das Klima.Dann, irgendwann haben die Menschen hüben wie drüben genug von Sonntagsreden, vom Hin und Her der etablierten Salonpolitik, dem Spiel mit den Ängsten. Allein gelassen fällt die Tür zu Begegnung und Annäherung mit den anderen ins Schloss.

4. Die Tendenz geht heute eindeutig dahin, sich Gruppierungen anzuschließen, die Sicherheit und Halt in der entschiedenen Auseinandersetzung im Kampf gegen die anderen bieten. Besonders die Jugend ist dafür empfänglich, wie die Wahlanalysen in Österreich zeigen. Gerade bei der Jugend haben Rechtspopulisten nicht nur in Österreich den größten Zulauf. Und ganz genau dasselbe passiert aufseiten der Ausländer. Auch sie scharen sich in der Tendenz vermehrt um ihre radikaleren Führer. Das Klima radikalisiert sich so zunehmend. Klare Feindbilder sind schnell etabliert, können auch mit bestienhaften Zügen versehen werden. So wird Gewaltbereitschaft gerechtfertigt und gefördert. In diesem Klima treffen Achmed und seine Freunde auf ihrer Feindfahrt mit den einheimischen Jugendlichen, die Ausländern vermehrt die Schuld für alles geben, zusammen.

5. Es bedarf keiner weiteren umfangreichen Analyse mehr, um sich auszumalen, was passieren kann. Rechtspopulismus,

Doppelmoral und das Spiel mit den berechtigten Ängsten drohen in eine Schleife der Gewalt, neuer Jugendgewalt, zu führen. Einheimische Jugendliche, frustriert durch ihre Situation und durch wenig rosige Zukunftsaussichten, aufgeputscht durch rechtspopulistische Sager, enttäuscht von der Salonpolitik, gehen auf Gruppen von Ausländern los, die selbst ganz unten sind, am Rand der Gesellschaft gestrandet sind. Diese wiederum wissen genau, wo ihr Feind ist. Das Beklemmende dabei: Eigentlich will das niemand, aber es entwickelt sich halt in diese Richtung...

6. Im Interesse unserer Jugendlichen können wir dem gegensteuern. Aber es braucht Courage. Courage, um offenzulegen, was uns ängstigt und was wirklich an Problemen mit der Migration vorhanden ist. Da darf nichts schöngeredet und mit nichts hinter dem Berg gehalten werden. Vorhandene Gegensätze sind anzusprechen. Und zwar in einem Klima, in dem der andere wahrgenommen, bemerkt und geschätzt wird. Denn wer wahr- und ernst genommen sowie respektiert wird, wird zugänglich. Das ist wohl das einzige Mittel, um nicht in der drohenden Spirale der Jugendgewalt zu verbleiben, sondern auszusteigen. Hier sind die Politik und auch die Straches, vor allem aber wir gefordert.

Amoklauf – ein Phänomen unserer Zeit

Sie erinnern sich? Im März 2009 tötete Tim K. an der Realschule in Winnenden, Deutschland, neun Schüler und Schülerinnen, drei Lehrer und auf der Flucht drei weitere unbeteiligte Menschen. Danach richtete er sich selbst. Tags darauf kannten die Medien wieder nur eine Schlagzeile, jene über den neuerlichen Amoklauf eines Jugendlichen.

Wie konnte erneut so etwas Schreckliches passieren? Wieder kamen Forderungen nach strengeren Richtlinien im Rahmen des Waffengesetzes. Lehrer berichteten, wie hilflos sie dem Phänomen Gewalt gegenüberstünden, wie überfordert sie seien. Experten müssten an die Schulen, um endlich die richtigen Maßnahmen zu setzen, damit etwas derart Schreckliches nicht wieder passiert.

In einem Buch über Jugendgewalt darf ein Kapitel über Amokläufe, eine offensichtlich neue Qualität der Gewalt unserer Jugendlichen, natürlich nicht fehlen.

Eines sei dabei vorweggenommen: Amokläufe an unseren Schulen werden sich mit todsicherer und todbringender Wahrscheinlichkeit wiederholen. Es kann jederzeit wieder einmal so weit sein, dass ein Schüler rotsieht, wenn sich nichts ändert. Das Muster des Umgangs mit derartigen Ereignissen ist nämlich immer dasselbe. Die Schlagzeilen beherrscht das Feuer des öffentlichen Entsetzens. Experten und Expertinnen werden um Erklärungen, Antworten und Hilfe gebeten. Wieder einmal wird dann die Prävention beschworen. Dieses Feuer unserer Entrüstung scheint jedoch rasch zu erlöschen, eine ernst zu nehmende Diskussion und zielgerichtetes Handeln, das einen Weg in die Zukunft weisen könnte, bleiben aus.

Dabei wissen wir eigentlich ziemlich genau, warum es zu jugendlichen Amokläufen kommt und wann einzugreifen wäre – wir müssten es nur tun.

Als sicher gilt, dass es nicht einen einzelnen Grund für ein derartiges Unglück gibt, sondern vielmehr ein Zusammenwirken vieler ungünstiger Faktoren und Umstände. Diese lassen wie viele kleine, explosive Teilchen den Jugendlichen im wahrsten Sinne des Wortes explodieren.

Das Columbine-Massaker
Wir möchten in diesem Zusammenhang das zu trauriger Be-

rühmtheit gelangte Geschehen an der amerikanischen Columbine High School vom 24. April 1999 und die Vorgeschichte dazu näher betrachten.

Zwei Schüler, Eric H., 18 Jahre, und Dylan K., 17 Jahre, ermordeten in einem blinden Blutrausch des Grauens an ihrer Schule zwölf Kinder im Alter von 14 bis 18 Jahren und einen Lehrer. 24 weitere Menschen wurden zum Teil schwer verletzt. Beide Schüler richteten sich selbst am Tatort mit einem Kopfschuss. Eric H. und Dylan K. waren bis an die Zähne bewaffnet, unter anderem mit einer abgesägten Pumpgun, einer abgesägten Schrotflinte, halb automatischen Schusswaffen, selbst gebastelten Rohrbomben, anderen Sprengsätzen und vielem mehr. Die Waffen ließen sich die Schüler von volljährigen Freunden besorgen.

Bei der Aufarbeitung des Massakers stellte sich heraus, dass die jungen Täter die Tat seit einem Jahr minutiös geplant und vorbereitet hatten. Es war ihr Ziel, die verhasste Schule in Schutt und Asche zu legen. Zwei 10 kg schwere Propangasbomben sollten die Cafeteria dem Erdboden gleichmachen und die flüchtenden Schüler vor ihre Waffen treiben. Als der Plan aufgrund eines technischen Defekts der Bomben scheiterte, verließen die beiden, in dunkle Trenchcoats gehüllt (unter denen sie ihre mitgebrachten Waffen verbargen), ihren vor dem Schulgebäude geparkten Wagen und betraten das Schulgebäude.

Die ersten Schüsse fielen um 11.19 Uhr. Viereinhalb ewige Stunden dauerte das Grauen an. Gegen 16 Uhr schätzte der Sheriff die Zahl der Todesopfer in der Schule auf etwa 25. Außerdem wurde bekannt gegeben, dass die Spezialeinheiten die Leichen von Eric H. und Dylan K. in der Cafeteria gefunden hätten. Gegen 16.30 Uhr wurde die Schule dann offiziell als gesichert erklärt.

Was stand hinter diesem Massaker? Das wurde nach und nach deutlich.

Eric H. beschrieb sich offensichtlich durch eine gestörte Persönlichkeitsentwicklung. Er litt unter Größenwahn, bezeichnete sich als rassistisch und machte aus seiner Verehrung für die Nazis kein Hehl. Der Jugendliche hatte kaum Freunde. Wegen Zwangsgedanken und Depressionen war er in ärztlicher Behandlung. Er bekam Psychopharmaka verschrieben. Die Medikation musste umgestellt werden, da das zuvor verschriebene Medikament Gewaltfantasien sowie Gedanken an Selbstmord und die Tötung anderer verschlimmerte. Ob der Jugendliche die Medikamente tatsächlich einnahm, scheint nicht hinreichend überprüft worden zu sein. Hat keiner der Ärzte den tatsächlichen Gemütszustand des Jugendlichen hinterfragt, und wenn doch, warum wurde nicht Alarm geschlagen?

Dylan K., der Jüngere der beiden, gibt uns mehr Rätsel auf. Er war bei seinen Mitschülern durchaus beliebt und schien sich um Eric H. zu kümmern.

Beide Schüler wurden bereits durch einen früheren Autoeinbruch auffällig. Sie nahmen dann auch an einem Rehabilitationsprogramm teil. Anschließend wurden ihre Vorstrafen getilgt.

Eric hatte eine Website konzipiert, auf der er einem Schüler, Brooks B., mit dem Umbringen drohte. Brooks' Eltern machten die Polizei auf die Morddrohung aufmerksam, diese jedoch reagierte nicht. Die beiden Freunde hinterließen auch eine Fülle an erschreckenden Videos und Gewaltbotschaften. Diese zeigen, wie sie ihren Gewaltfantasien freien Lauf ließen und sich letztlich in diesen verloren. Ein schockierendes Sammelsurium von Verachtung, Missachtung, Hassparolen und ungeschminkter Verherrlichung von Gewalt. Zu sehen sind die Jugendlichen unter anderem auch bei Schießübungen. Killerspiele, wie das damals so populäre »Doom«, faszinierten sie ebenso wie der Gewaltfilm »Natural Born Killers«.

In ihren Videos und Tagebüchern gewähren die beiden Jugendlichen als Autoren und Selbstdarsteller einen abscheulich wirkenden Einblick in ihre Gewaltfantasien und ihren tiefen Hass auf die anderen Jugendlichen an ihrer Schule. Vor allem Eric H. konnte kaum soziale Bindungen eingehen.

Immer wieder scheinen die Jugendlichen ihre Tat angekündigt zu haben. Ihre Dokumente waren so »versteckt«, dass sie nur schwer zu übersehen waren. Die Jugendlichen machten sich in den Videos darüber lustig, dass ihre Eltern nichts bemerkten.

Dreißig Minuten vor der Bluttat kündigten sie ihr geplantes Massaker per Internet nochmals öffentlich an. Sie verhöhnten ihre späteren Opfer und sahen im bevorstehenden Morden einen großen Spaß. Ganz offensichtlich legten sie großen Wert darauf, von anderen bemerkt zu werden. Eine unbewusste Beziehungssehnsucht? Aggression, die das Vakuum der Beziehungslosigkeit füllt? Auch ihre Selbstmordabsicht schien von Anfang an festzustehen.

Unwillkürlich stellen sich uns Fragen. Will bei dieser Fülle von Signalen und konkretem Verhalten wirklich niemand etwas bemerkt haben? Wollten die Eltern es nicht wahrhaben? Schon Minuten nach der ersten Meldung über das Massaker meldete sich der Vater von Eric H. bei der Polizei. Er gab an, zu befürchten, sein Sohn sei an der Schießerei in der Schule als Täter beteiligt. Haben die Eltern zuvor einfach weggesehen? Auf den Videos mit den Schießübungen sind immer wieder auch andere Jugendliche zu sehen. Warum hat keiner dieser Jugendlichen etwas gesagt?

Die Waffen versteckten die beiden Jugendlichen in ihren Kinderzimmern. Waren sie für die Eltern wirklich unauffindbar? Konnten die Jugendlichen ihre Eltern tatsächlich so gut täuschen? Oder interessierten sich ihre Eltern nicht mehr für sie? Oder konnten sie keinen Kontakt mehr zu ihnen finden? Was ist mit den Hinweisen auf Hass und kaltblütige Gewaltbereitschaft in Schulaufsätzen und Aufgaben? Wurden sie von den Lehrern übersehen? Auch Mitschüler beschrieben die Täter nach der Tat als Einzelgänger und schräge Außenseiter. Völlig zu Recht wird bei der Analyse der Tat zusammengefasst, dass die Jugendlichen das Gefühl hatten, abseits zu stehen, nicht dazuzugehören. Sie fühlten sich von den anderen Schülern und Schülerinnen an der Schule gekränkt gedemütigt, ausgestoßen, zurückgewiesen. Aber sie hatten einander und ihre Beziehung. Sie sprachen sich gegenseitig Mut zu und entwickelten ein Wir-Gefühl. Wir gegen die anderen – vereint in ihrer Sehnsucht nach Beziehung und ihrem Hass auf die Welt.

Dem Amoklauf auf der Spur
Amokläufe von Schülern sind, wie wir mittlerweile wissen, kein amerikanisches Problem. Sie können überall passieren. Und sie lassen sich überwiegend bereits lange im Vorhinein bemerken.

Fassen wir zusammen, was wir über Amoklauf und Jugend wissen:
1. Vordergründig scheinen männliche Jugendliche diesem Phänomen verfallen zu sein. Erklärungen hierzu wären spekulativ und bergen die Gefahr, in Zukunft Lügen gestraft zu werden.
2. Eines der Kennzeichen dieser Jugendlichen dürfte eine mehr oder minder gestörte Persönlichkeitsentwicklung sein. Sie werden in Profilen oft als zurückgezogen, gehemmt, zwanghaft und scheu beschrieben, nicht fähig, sich auszudrücken und anderen anzuvertrauen. Es muss sich bei ihnen keineswegs um die typischen überschießend-impulsiven, aggressiven und gewaltbereiten Jugendlichen handeln.
3. Viele dieser Jugendlichen kommen durchaus aus gutem Haus, stammen aus gut situierten Familien. Sie sind keine typischen Sozialfälle, haben oft auch »alles, was sie wollen«. Sie verfügen über eine durchaus gute Kinderstube, zeichnen sich durch gute Manieren aus, grüßen usw. Nachbarn können meist nicht viel über einen solchen Jugendlichen und seine Familie sagen: Er sei immer sehr ruhig gewesen, man habe ihn kaum bemerkt. Der Jugendliche sei eben ein typischer Einzelgänger, wie es viele gäbe.

4. Oft sind jugendliche Amokläufer selbst das Opfer von Mobbing, von Demütigungen und Erniedrigungen, werden sozusagen vom Opfer zum Täter.
5. Häufig haben die Jugendlichen gravierende schulische Probleme. Schulisches Scheitern kann möglicherweise den letzten Anstoß für die Tat geben.

Mittlerweile ist sich die Fachwelt einig, dass potenzielle Amokläufer allerdings nicht aufgrund ihrer persönlichen und sozialen Merkmale »prognostizierbar« sind. Nur ein Bruchteil derer, die gemobbt werden, nur ein Bruchteil der Schulversager und sozial Introvertierten usw. wird schließlich zu Amokläufern.

Damit es dazu kommt, muss eine Vielzahl von Faktoren zusammenspielen. Ein schleichender Prozess von Isolation, Verschlossen-Sein, Nicht-wahrgenommen-Werden.

Dieser Prozess ist allerdings gut wahrnehmbar. Spätere Amokläufer sind an ihrem konkreten Verhalten, ihren Handlungen und Taten erkennbar. In ihrer Kränkung und ihrer Sehnsucht nach Beachtung, Begegnung und Beziehung entwickelt sich in der von ihnen empfundenen Ohnmacht oft folgender Prozess:

Jugendliche flüchten sich zunächst in Gewaltfantasien und -handlungsvorstellungen, erst still in ihrem Inneren, dann gibt es da und dort eine versteckte Äußerung. Später wollen die Vorstellungen ausprobiert werden. Die Computerwelt, in die sie sich häufig nach und nach flüchten, bietet ihnen dazu die Möglichkeit. Hier können sie Helden sein, können es allen zeigen, dass man mit ihnen nicht so umspringen kann. Die Computerwelt scheint dann zusehends mit ihrer Welt zu verschmelzen. Angemerkt sei hier, dass dieser Rückzug hinter den Computer immer deutlicher bemerkbar wird und kaum übersehen werden kann – allerdings nur dann, wenn man es überhaupt bemerken will.

Viele der späteren Amokläufer beginnen sich auch immer mehr

explizit mit Gewalt, Gewalttaten, Waffen, dem Töten und früheren Amokläufen zu beschäftigen. Auch das ist zu bemerken. Ein solches Verhalten hat immer auch Mitteilungscharakter.

Ihren Eltern gegenüber, die vielleicht doch schon etwas bemerken, werden die Jugendlichen häufig immer verschlossener. Sie ziehen sich zurück, werden unnahbarer. Sie ermöglichen es oft gar nicht mehr, Kontakt mit ihnen aufzunehmen. Sie sind wütend, und das verstimmt. In einer derartigen Situation – dies ist bei fast allen Amokläufern der Fall – suchen die Eltern dann doch meist therapeutische Hilfe. Oder nehmen die Jugendlichen, wie auch schon vorgekommen, zum eigenen Schießtraining mit – ein adäquates Angebot für Beziehung?

Eines scheint in dieser kritischen Phase besonders herausfordernd: Die sich häufenden Zeichen werden immer deutlicher, das ungute Gefühl von Eltern, Erziehungsberechtigten steigt, aber der Kontakt zu den Jugendlichen ist oft nicht mehr herstellbar. Wärme, Bestätigung und Anerkennung fehlen. Gefühle und Beziehung sind nicht mehr gefragt. Die Erwachsenen geben – nicht ganz unverständlich – ihre Bemühungen auf. Stattdessen wird besorgt geredet, weggeschaut, kategorisiert, in therapeutische Hände abgegeben. Eine Kälte, bei der die betroffenen Jugendlichen innerlich weiterhin zu erfrieren drohen.

Möglicherweise suchen sie in der Schule etwas, das sie zu Hause nicht bekommen – und scheitern wieder. Erneut eine tiefe Kränkung. Die Andeutungen werden nun immer konkreter. Es wird vom Töten, von Selbstmord gesprochen. Es gibt konkrete Überlegungen zu einer Waffe. Da und dort lassen die Jugendlichen eine Andeutung fallen. Möglicherweise auch in der oft scheiternden Therapie.

Therapieabbruch ist ein deutliches Verhaltenszeichen. Aber welcher Therapeut verlässt bei »seiner Verschwiegenheitspflicht« und in einer solchen Situation schon die Sicherheit verleihenden Grenzen seines Therapieraumes?

Bringen wir es noch einmal auf den Punkt: Rückzug, Isolation, Mobbing, Beschäftigung mit Gewalt, Therapieabbruch – das ist in groben Zügen die Verhaltensspur möglicher späterer Amokläufer. Das sind die Signale, welche die Jugendlichen an ihre Umwelt aussenden.

Werden die Signale ignoriert, fühlen sich die Jugendlichen noch mehr als Opfer ihrer Umgebung und es kommen die Ankündigungen. Das Internet dient als perfekte Bühne dafür. Werden diese Ankündigungen übersehen, genügt der sprichwörtliche Tropfen, der das Fass zum Überlaufen bringt, für Amok und Selbstmord.

Die Jugendlichen kehren an den Ort zurück, wo sie ihre letzte große Demütigung und Zurückweisung erlebt haben, oft ihre Schule. Der letzte verzweifelte Schrei nach Beziehung. Nur mehr in diesem Amoklauf sehen sie den Ausweg. Andere Möglichkeiten, andere Ressourcen werden nicht mehr gesehen. Bei ihrer Suche nach der Schuld für das Scheitern der Beziehung ist ihr Blick starr nach außen gerichtet. Die Welt der Gewaltfantasien, der Anonymität des Chats, die Welt des Internet verstärkt sich selbst. Waffen vermitteln ein Gefühl von Stärke und Macht, mit der die anderen vielleicht doch noch erreicht werden können. Diese »Macht« der Gewalt wird zum Kult, weil nichts anderes mehr da ist.

Was tun?

Was können wir tun? Wir können die Waffengesetze verschärfen, wir können Maßnahmen ergreifen, damit Waffen besser versperrt aufbewahrt werden. Aber für wie dumm halten wir unsere Jugendlichen eigentlich? Wirklich für so dumm, dass wir sie unfähig glauben, solche Hürden zu überwinden? Eines sei hier allerdings gesagt, um Missverständnissen vorzubeugen: In privaten Haushalten haben Waffen nichts verloren. Aber wie die Erfahrung zeigt, wird diese immer wieder öffentlich geführte Endlosdiskussion über den Waffenbesitz das Problem nicht lösen.

Wir können auch Eltern oder Lehrern und Lehrerinnen die Schuld geben. Auch da wäre einiges dran. Schulverweise von Schulversagern, von sogenannten Problemkindern, diese Art eines groben Beziehungsabbruchs und des sich Nicht-zuständig-Fühlens sollte es nicht geben. Wichtig erscheint es vielmehr, Möglichkeiten zu schaffen, diese Jugendlichen mit ihrer oft problematischen Bindungslosigkeit nicht im Regen stehen zu lassen, sondern ihnen Perspektiven für ihre weitere Zukunft zu vermitteln.

Therapie und Gewaltpräventionsprogramme können hilfreich sein. Die Frage ist, wie Therapie und Prävention ausgeführt werden. Nur durch Experten von außen, isoliert und abgehoben?

Worauf es unserer Meinung nach vor allem ankommt, sind Interesse, Herstellung einer positiven Beziehung, energisches Nachfragen, positive Zugewandtheit von allen Seiten, von Eltern, Lehrern usw. – allerdings schon lange, bevor ein Unglück heraufbeschworen wird. Nein, wir reden keinem Überwachungsstaat für auffällige Jugendliche das Wort. Es geht um die simple Bereitschaft, auf den anderen zuzugehen und nicht locker zu lassen, sich wertschätzend zu interessieren, wenn eine problematische Verhaltensspur bemerkbar wird. Wir sprechen von eigenem Engagement. Das ist auch Therapeutenpflicht.

»Counter-Strike« oder wie Computerspiele aus Kindern Killer machen

Computer, Internet, Fernsehen und andere Medien scheinen im Zusammenhang mit Gewalt eine besondere Rolle zu spielen. Es ist bekannt, dass Kriegs- und Killerspiele, sogenannte »Ego-Shooter«, unter Kindern und Jugendlichen heute so populär sind wie noch nie. Vielleicht hängt dies auch mit der rasanten Entwicklung der Computerspielewelt der letzten Jahre zusammen.

Ein Videospiel dieser Machart bietet sogar eine Nachahmung des Columbine-Massakers. Und im Internet stößt man auf unzählige Websites, Chats usw. zu diesem wohl zu den berühmtesten Amokläufen der amerikanischen Highschool-Geschichte zählenden Ereignis. Es wird versucht, zu berichten, zu analysieren, Stellung zu nehmen. Standbilder und Ausschnitte von Videos beleben die Darstellung des Dramas und lassen es auf unauslöschliche Weise lebendig werden. Etwas Unglaubliches wird zu erklären versucht. Auch einige schwarz gefärbte Textpassagen finden sich – unkenntlich gemachte Textzeilen der Attentäter. Diese seien so rassistisch und Gewalt verherrlichend, dass man Nachahmungstäter nicht animieren möchte.

Eigentlich findet sich hier das gesamte grauenhafte Werk der jungen Täter, all ihre Texte, Videos, ihre Zeichnungen usw. Führt das nicht in die perfekte Amok-Trance? Eine Art hypnotische Heranführung an das Magische des Amoks. Amok bekommt Kultstatus, verbunden mit dem Gefühl des Außerordentlichen und Übermächtigen. Was könnte Jugendliche besser zur Nachahmung anregen?

Computer und Gewalt – das bedarf einer engagierten Auseinandersetzung und eines besonnenen Umgangs. Eine gängige populäre These lautet, dass Computerspiele, all diese Medien, Internet usw. schuld an der zunehmenden Gewalt unserer Kinder und Jugendlichen seien. Doch ist diese These in dieser Form unhaltbar. Computer, Internet, Fernsehen und andere Medien können nicht die alleinigen Sündenböcke u. a. für den erweiterten Selbstmord von Schülern an ihren Schulen und für Gewalt sein. Nicht der Computer, nicht das Fernsehen macht gewalttätig, sondern der Umgang mit ihnen. Und wahrscheinlich auch, wie diese Medien in der Beziehungsgestaltung mit Kindern und Jugendlichen eingesetzt werden.

Wer ist gefährdet?
Studien über den Zusammenhang zwischen Medien, Computerspiele usw. und Gewalt sprechen keine eindeutige Sprache. Wo liegt nun die besondere Gefahr?

Psychisch stabile Kinder (stabil auch im Sinne einer guten sozialen Integration), die das entsprechende Alter haben, diese Spiele und ihre Inhalte angemessen zu begreifen und zu reflektieren, können auch sogenannte Killerspiele konsumieren, ohne gleich Schaden zu nehmen. Wenngleich diese Spiele ebenso wenig förderlich sind, wie sie schädlich sind.

Weniger stabile Kinder aber haben, wie bereits ausgeführt, oftmals große Schwierigkeiten, die Realität von der Fantasiewelt der Computerspiele zu unterscheiden. Sie flüchten aus ihrer Beziehungslosigkeit in diese Welt. Es kommt zu einer wahrgenommenen Verschmelzung mit dem Helden des Spiels. Und an diesem Punkt, wenn das Spiel immer weniger von der Realität unterschieden wird, wird es gefährlich. Die Kinder übertragen diese Fantasiewelt dann auf die reale Welt. Gewalt wird zum legitimen Mittel des Helden, um die »Bösen« zu besiegen, um gemeinsam auf der Seite der Guten zu stehen.

Es gibt noch einen weiteren, unserer Meinung nach nicht zu unterschätzenden, gefährlichen Zusammenhang zwischen Killerspielen und Gewalt, und zwar die Lockerung der Tötungshemmung. Aus der psychologischen Auseinandersetzung mit dem Krieg wissen wir, dass der Mensch nicht zum Töten von Seinesgleichen geboren ist. Von Natur aus ist der »Krieger«, der junge Durchschnittssoldat, ein Kriegsdienstverweigerer: Man versucht dem Feind zu entgehen. Im Zweiten Weltkrieg zeigten Untersuchungen, dass nur 15 bis 20 Prozent der Frontkämpfer ihre Waffe auf den Gegner abfeuerten. Allgemein wurde versucht, dies zu vermeiden. Heldentum zeichnete sich dadurch aus, dass Männer sich tot stellten, Kameraden bargen, für Nachschub der Munition sorgten, nur um den tödlichen Schuss auf einen anderen, den Gegner, zu vermeiden. Leichter fiel nur das Töten aus Entfernung, durch die Bomben der Luftwaffe oder die Granaten der Artillerie.

Was Rambo ohne jedes Zögern tut, das Töten nämlich, das will gelernt sein. Ja, es muss sogar gedrillt werden. Soldaten muss es eingebläut werden. Es gilt den inneren Widerstand gegen das Töten zu überwinden. Abgesehen von der Entpersonalisierung, dem Verschleiern einer Verantwortung oder der Entfremdung, die die Gewaltbereitschaft heben, wurde die Tötungsbereitschaft ganz simpel mithilfe von Verstärkung »erlernt«, das heißt durch Lernen am Erfolg. In der Psychologie nennt man das Konditionierung.

Denn schnell hatte die Kriegsmaschinerie erkannt, wie wirkungslos herkömmliches Schießtraining ist, um Soldaten auf das Töten vorzubereiten. Und so setzte man Konditionierungstechniken ein. Im Vietnamkrieg hat die US-Armee so ihr Ziel erreicht: 95 Prozent der Soldaten feuerten ihre Waffe im Kampfgeschehen nun auf den Feind ab.

Heute geht das noch effizienter. In der Armee und bei der Polizei gibt es computergestützte interaktive Kampfsimulatoren, die ihre Wurzeln alle – und das ist erschreckend – in der Unterhaltungsindustrie haben. Ein militärisches Kampfspiel der US-Armee ist als eine Modifikation von »Duck Hunt« von Super Nintendo bekannt. Die Enten wurden durch menschliche Gestalten ersetzt, die Schrotflinte gegen ein Maschinengewehr getauscht.

Killerspiele, die heute auf dem allgemein zugänglichen Spielemarkt für Kinder und Jugendliche zu haben sind, können es locker mit Kampfsimulatoren aufnehmen. Wir lassen unsere Kinder und Jugendlichen mit diesen Trainingsmaschinen des Tötens spielen, oft stundenlang, unbeaufsichtigt und unkontrolliert. Ohne dass ein militärischer Ausbilder ihnen sagt, was sie zu tun haben und was nicht, was sie dürfen und was nicht. Die Kinder und Jugendlichen automatisieren das Abdrücken und werden im Spiel für ihr Verhalten bestärkt.

Exkurs zum Wert von Computerspielen
Aber Computerspiele hätten ja auch nützliche Funktionen, wird dann oft vorgebracht und eingewandt. Wir stimmen dem durchaus zu. Es gibt sehr gute Spiele, die die Lern- und Konzentrationsfähigkeit fördern können. Immer wieder wird auch das Online-Spiel »World of Warcraft« als herausragend für das Erlernen sozialer Kompetenzen herausgestellt.

Worum geht es bei »World of Warcraft«? Mehrere online miteinander verbundene Spieler haben in der »World of Warcraft«, einer Welt voller Monster und feindlicher Heerscharen, Aufgaben zu bewältigen, Schlachten zu führen, Feinde zu besiegen. Dazu organisieren sich die Spieler in sogenannten Gilden und nehmen, da es sich um ein Online-Rollenspiel handelt, bestimmte Rollen ein: Magier, Krieger, Hexer usw. Oft kämpfen diese Gilden auch gegeneinander. Für jeden der Spieler ist eine Rolle, ein Charakter dabei, der zu ihm passt. Das garantiert den Erfolg jedes Einzelnen. Aufstiegsmöglichkeiten gibt es genug. Verschiedene Niveaus, sogenannte Levels, können erreicht werden. Schließlich ist es sogar möglich, zum Gildenführer zu avancieren. In diesem Erfordernis, sich einzuordnen, zu kooperieren oder zusammenzuspielen, sich zu vernetzen und durchzusetzen, die Absichten anderer zu erkennen usw., liegt nun, so wird gesagt, der vermeintliche soziale Kompetenzgewinn.

»World of Warcraft« ist möglicherweise ein wunderbares Spiel für intelligente Menschen und Jugendliche, die fest mit einer anderen als der virtuellen Welt verbunden sind, die wirkliche Beziehungen haben. Für sie kann das Spiel eine tolle Abwechslung und zusätzliche Aufgabe sein.

Aber was ist mit denen, die das nicht haben? Unsere praktischen Erfahrungen zeigen, dass gerade sie von diesem Spiel magisch angezogen werden. Es ist ein perfekter Ersatz für das Wohlbefinden, das Jugendliche sonst durch gelingende Beziehungen und positive Zuwendung erfahren. Zuwendung, Lob und Anerkennung aktivieren nämlich den Botenstoff-Cocktail, der Motivation, Wohlbefinden und Zugehen auf andere auslöst. Gelingt dies nicht durch positive Beziehungen, so sucht man sich Ersatzbeschaffer und will diese immer wieder haben. So entsteht Sucht. »World of Warcraft« ist ein solcher nicht stoffgebundener Süchtigmacher. Einmal darin involviert, kommen Jugendliche, die ja gerade wegen ihrer Beziehungslosigkeit dorthin geflüchtet sind, nicht mehr heraus. Die soziale Kompetenz des Spiels hat den Preis der völligen Beziehungslosigkeit und des völligen Verlusts der realen Beziehungsfähigkeit.

Die besondere Gefahr liegt nun darin, dass beziehungsmäßig Angeknackste vom Spiel im wahrsten Sinne des Wortes aufgesogen werden. Wissenschaftliche Studien zeigen dies allmählich auf, wir verfügen aber vor allem über unsere traurige praktische Erfahrung. Niemand ist real beziehungsunfähiger als hochkompetente »World of Warcraft«-Spieler mit fehlendem sozialem Background.

Noch eines sei angemerkt. Wenn schon von sozialen Kompetenzen die Rede ist – welche Art wird denn hier entwickelt? Anpassen, hinnehmen, aufsteigen, führen und leiten. Soziale Organisation als Mittel zum Kampf und Sieg. Für Wärme, Wertschätzung ist da kein Platz. Viele Spieler aber bekommen einmal mehr genau das nicht, was ihnen schon in ihrer realen Welt fehlt, weswegen sie in die Welt des Spiels geflüchtet sind, nämlich Nähe und Wertschätzung. Es geht hier um die gleiche verzweifelte Suche nach Anerkennung, Glück und Wohlbefinden durch perfekte Leistung, darum, besser zu sein als der andere, usw. Das ist das Spiel der Sucht und der Gewalt. Aber wie wir in Kapitel 3 noch sehen werden, ist gerade die fehlende soziale Wertschätzung die Keimzelle der Aggression.

Ist Aggression verschobene TV- und Computerenergie?
Die vor dem Bildschirm geparkten Kinder toben innerlich so richtig ab, wenn im Actionfilm die Fetzen fliegen. Ihr Erregungsniveau steigt. Bei Spielkonsolen wird in höchster Konzentration auf die

Steuerung eingehämmert. Bei Nintendo Wii wird die Konsole gar zum Sportgerät. Das erregt erst so richtig. Selbst unteraktivierte Kinder kommen da richtig hoch.

Der amerikanische Jugendmedienforscher Dolf Zillmann hat im Rahmen seiner Erregungs-Transfer-Theorie schon in den 1970er-Jahren nachgewiesen, was mit solchen Erregungen geschieht. Die körperlichen Symptome wie Puls und Blutdruck sinken rasch ab, die Erregung im Gehirn jedoch bleibt. Diese Anspannung erschwert adäquate kognitive Bewertungen. Es gelingt nicht mehr, die vorhandene Resterregung der ursprünglichen erregungsauslösenden Aktivität zuzuordnen. Diese wird auf andere Situationen transferiert.

Ein Beispiel aus der Praxis: Der Ehemann hat Stress im Job und reagiert sich zu Hause an seiner Frau oder seinem Hund ab. Computer spielende Jugendliche sind »hochgefahren«, sind vielleicht ohnehin frustriert und können diese Energie dann in (überschießender) Aggression abreagieren. Andernorts als vor dem Computer.

»Snuff-Videos« und »Happy Slapping« – Handys und Jugendgewalt

Erschreckende und weit unterschätzte Katalysatorfunktionen von Computern, Internet, Medien usw. für Gewalt wurden bereits genannt. Ein weiteres immer unverzichtbarer erscheinendes modernes Medium dürfte sich heute immer mehr zu einem Andockpunkt von Gewalt entwickeln. Bereits 90 Prozent aller 12- bis 19-Jährigen können sich stolze Handybesitzer nennen. Neben dem altmodischen Telefonieren oder dem bereits langweilig gewordenen Versenden reiner Text-SMS treten heute Handybilder und Handyfilme in den Vordergrund. Dann wird auch noch mit WAP-Handys im Internet gesurft. Infrarotschnittstelle, Bluetooth und andere Features komplettieren das heute wohl grenzenlos anmutende Angebot an Handyvergnügen. Das Handy mit seinem Speicherplatz für Musik, Filme usw., mit seiner Kamera- und Filmfunktion ist wohl das von unseren Kindern und Jugendlichen in ihrer Freizeit und bei ihren Aktivitäten am häufigsten mitgeführte Accessoire. Auf dem Schulhof erscheint es unverzichtbar.

Ist der Umgang unserer Kinder mit ihren Handys Ausdruck einer neuen Jugendkultur? So positiv diese trendige neue Technik auch erlebbar scheint, sei doch auf eines hingewiesen: Sie ist Plattform für eine weitere bedenkliche Form von Gewalt.

Schon seit einiger Zeit kursieren auf Schülerhandys und Handys von anderen Jugendlichen schauerliche Gewaltvideos, die sich mit Lichtgeschwindigkeit zu verbreiten scheinen. Die Fachwelt der Szene war schnell mit dem klingenden Namen »Snuff-Videos« zur Hand. Diesen Begriff gibt es im Zusammenhang mit Gräuelvideos schon lange. Inhaltlich drehen sich diese Meisterwerke der Filmkunst um das Quälen anderer, um Demütigungen, Vergewaltigungen, Misshandlungen, bis hin zu fiktiven (?) Mordszenen und fiktiven (?) Leichenschändungen.

Snuff out (engl.) bedeutet »jemanden umbringen, eine Kerze ausblasen, ein Leben auslöschen«. Dieser harte Stoff kann von unseren Kindern problemlos via Internet aufs Handy heruntergeladen und von diesem mit einigen wenigen Tastendrucken weiterverbreitet werden. Der Besitz solcher Heimvideos als »visuelle Mutprobe« unter Heranwachsenden wird schnell zum Muss. Ein Statussymbol, das einfach auf dem Handy Platz zu haben hat. Dann bist du dabei. Fatal können die Auswirkungen solch bildhaft gemachter Gewalt vor allem bei jenen Kindern und Jugendlichen sein, die sich durch eine wankelmütige Psyche auszeichnen und daher rasch auf diese Videos ansprechen.

Ein aus dem guten alten England importierter weiterer Trend greift bei unseren Kindern und Jugendlichen wie das »Schweinegrippe-Virus« um sich, ist aber ungleich besorgniserregender. Das sogenannte »Happy Slapping« bezeichnet im Englischen ironisch-brutale gewalttätige Überfälle, die mit dem Handy filmisch festgehalten werden. Gewalt verherrlichende Halbstarke schwärmen hierbei in kleineren, sich stark fühlenden Gruppen in Straßen und Gassen sowie Schulhöfen aus. Die gesuchten und gefundenen Opfer werden spontan und grundlos angegriffen und brutal verprügelt. Diese filmisch festgehaltenen Heldentaten werden dann als Videoclip oder in Form von einzelnen Fotos an Freunde verschickt und prahlerisch ins Internet gestellt. Diese öffentliche Bloßstellung und Demütigung trifft das wehrlose Opfer oft noch härter als der brutale Angriff selbst. Es sieht sich dann neben der körperlichen Misshandlung auch noch dem Hohn und dem Spott der anderen ausgesetzt.

Was hat nun diesen grauenerregenden, perversen Trend ausgelöst? Was ist attraktiv am »Happy Slapping« und an diesen gewalttätigen Gruppen?

- »Happy Slapping«-Gruppen bieten etwas Besonderes, eine außergewöhnliche Mutprobe, etwas, das andere schockiert. Das sind Bande, die zusammenschweißen. Viele »Problemkinder« finden in den von uns als problematisch bezeichneten Gruppen Halt, rutschen so hinein. Diese Peer-Gruppen sind für sie bis zu einem gewissen Grad Familienersatz, sie sorgen im wahrsten Sinn des Wortes für Halt und Sicherheit.
- In der Gruppe wirkt dann die Gruppendynamik. Für viele ist es in der Situation selbst gar nicht mehr so »happy«, auf hilflose Schwache loszuprügeln. Aber dann kann man nicht mehr kneifen. Dann wäre man feige und liefe Gefahr, ausgestoßen zu werden. Und glücklicherweise verschwimmt die eigentliche Verantwortlichkeit ja auch in der Gruppe. Die anderen haben ja auch zugetreten. Das Opfer ist ja eigentlich kein Mensch, sondern ein Objekt, das man bearbeiten kann wie einen Punchingball, losgelöst von seinen Gefühlen, seinem Leid und seinen Empfindungen. Das macht es leichter.

- So kann man sich, höchstwahrscheinlich unbewusst, ganz darauf konzentrieren, wozu diese Gewalt dient. Man kann anderen demonstrieren, wozu man fähig ist, wie »stark« man ist. Wie könnte das besser gelingen als mit einem Beweisvideo, das leider mehr ist als nur Ausdruck pubertärer Prahlerei?

Wie dagegen vorgehen? Verbote werden, wie wir nun schon wissen, wieder einmal nicht viel bewirken. Es kann nicht um die Auseinandersetzung gehen, wie sinnvoll oder unsinnig Handys sind. Auch wenn manche es wünschten, werden sie wohl nicht einfach von selbst von der Bildfläche verschwinden. Außerdem sind Handys zweifellos manchmal durchaus nützlich.

Hier wollen wir einen für den Umgang mit Jugendgewaltphänomenen unserer Meinung nach wichtigen Punkt herausgreifen: Es drängt sich die Frage auf, was dazu beiträgt, dass Opfer zu Opfern werden, und wer Schwache schützt. Nein, es geht hier nicht um behinderte Kinder. Sie werden bei uns seit dem »großen Unglück« in den 1930er- und 1940er-Jahren schon längst hervorragend geschützt (durch Sonderschulisolierung oder Integration?). Es geht um jene, die in dem einen oder anderen Bereich vielleicht gerade nicht gut genug sind. Die sich möglicherweise auch eine spitze Bemerkung ihres Lehrers wegen ihrer Rechenschwäche oder ihres Aussehens gefallen lassen müssen. Vielleicht ist es aber auch der kleine, dicke Bub, der schon immer schlecht im Fußball gewesen ist und im Turnunterricht immer als Letzter in eine Mannschaft gewählt wird. Er wird von den anderen beim Geräteturnen ausgelacht. Auch der Lehrer erheitert sich über so viel Babyspeck und Tollpatschigkeit und findet deutliche Worte.

Das ist der »*open space*« für die anderen, die entwurzelten, ausgegrenzten »harten Jungs«, die sich danach sehnen, wiederholt ihre Stärke und Mächtigkeit zu beweisen, um ihre Beziehungsarmut zu übertönen.

Natürlich sind wir skeptisch gegenüber dem Prinzip vom Überleben »*of the fittest*«, der Stärksten. Schon gar nicht wird jemand auf die Idee kommen, dass es nichts ausmacht, Schwächere so zu behandeln. Aber Leistung heißt in unserer Gesellschaft noch immer oder gerade wieder: Ich bin der Schönste, bin der Größte, bin der Stärkste, bin der Sieger. Leider nicht ironisch gemeint. Man nimmt es ernst und wörtlich. In der Überforderung und Beziehungslosigkeit liegt die Keimzelle für Mobbing, »Snuff-Video«-Müll und »Happy Slapping«. Und im Engagement der Keim für »Neue Helden«.

Kult Fäkalsprache

Haben Sie sich nicht auch schon darüber amüsiert? In der österreichischen Fernsehserie »Ein echter Wiener geht nicht unter« gibt der unvergleichliche Mundl Sackbauer regelmäßig Aussprüche wie den Folgenden zum Besten: »Trottl, hoit die Goschn, sunst gib i da a Tetschn, dass da vierzehn Tog da Schädl wocklt.« Diese Sager haben heute Kultstatus.

Erleichtert Sie nicht auch ein inbrünstig ausgesprochenes »Oasch«? Wie erfreut sind Sie aber, wenn ihr Sohn oder ihre Tochter zu Ihnen kommt und Sie mit einem »Fick dich ins Knie, Oida/Oide« belegt? Oder Sie mit Schimpfwörtern in Serbokroatisch, einem »I prack da ane« oder »Hur« oder anderem konfrontiert werden?

Schimpfwörter, gewalttätige Ausdrücke beschämen und entrüsten oft. Wird ein Lehrer in der Schule damit belegt, geht meist nichts mehr. Und rechtfertigungspflichtige Eltern betonen dann: »Nein, keine Ahnung, wo er das herhat, von uns nicht! Das kann ja nicht sein, bei uns zu Hause wird nicht so gesprochen.« Überhaupt herrscht Beschämung und Rätselraten über den Ursprung solcher »Sprachunkultur«. Nach wie vor wird weitgehend unterschätzt, wie sehr verbale Gewalt verletzt, trifft, kränkt. Sie entwertet massiv. Sie kündigt Beziehung auf, erniedrigt und entmenschlicht. Wut und Entsetzen sind die fast natürliche Folge. Dies führt oft zu eskalierenden Beschimpfungstiraden und auch zu körperlicher Gewalt. Und trotzdem: So ein richtiger Kraftausdruck hat schon etwas Attraktives, Lustvolles an sich! Dabei empfinden wir eine merkwürdige Ambivalenz: Auf der einen Seite genießen wir derartige Kraftausdrücke und lachen herzhaft darüber, auf der anderen Seite gehörten sie konsequent verboten.

Was ist nun das Besondere an diesen Wörtern? Woher kommt ihre Attraktivität, besonders für Kinder und Jugendliche? Was macht sie gewalttätig? Wie damit umgehen?

Mundl Sackbauers Sager, die deftigen Worte eines Kabarettisten, der »Oasch«, sie »verzaubern« uns. Das können wir einordnen. Dem Kraftausdruck kommt eine eigene Rolle zu. Wir können über den grantelnden und doch irgendwie liebenswerten Mundl Sackbauer lachen, amüsieren uns, dass es so etwas gibt. Stimmt der Beziehungsrahmen, ist er freundschaftlich, befreien Kraftausdrücke stellvertretend und direkt, bauen Spannungen ab, machen wieder Platz für Begegnung. So können manche an Schimpfwörtern ihren Spaß haben. Fehlt der freundschaftliche Beziehungsrahmen, trifft auch schon ein hingeworfenes »Dodl« gewaltig hart. Die Grenze zwischen »lustig« und »treffen« ist fließend.

Auch Jugendliche ergötzen sich an Kraftausdrücken. »Koffer«, »Depperter« »Fick di« sind nicht immer mit sprachlicher Gewalt gleichzusetzen. Jugendliche ordnen das auch so ein, wenngleich nicht immer mit derselben »Abgeklärtheit« wie Erwachsene. Oft gehören Kraftausdrücke einfach zum Umgang, vor allem in vorwiegend männlichen Gruppen. Das Einfache, Starke, Kraftvolle, die mögliche Wirkung faszinieren Jugendliche genauso wie Erwachsene. Und diese Ausdrücke kaschieren vorhandene Unsicherheit, reduzieren Spannung und verleihen, wenn sie so kumpelhaft hin und her fliegen, ein Wir-Gefühl. Oft werden sie zu Leitsagern, zu einem Kult. Die Grenze zur Gewalt ist allerdings schmal. Das Ganze kippt verdammt schnell.

Gerade wegen ihrer Wirkung, die von uns allerdings immer erst auch innerlich zugelassen werden muss, setzen Jugendliche Kraftausdrücke in Situationen (Kontexten, Rahmen) ein, in denen sie – oftmals versteckt und subtil – abgewertet, frustriert werden. Wenn sonst gar nichts mehr geht, weil sie einfach nicht gehört werden, dann eben das: massivste Kraftausdrücke und Beschimpfungen. Vielleicht auch deswegen, weil sie gar nichts anderes kennen. Dann werden Kraftausdrücke zur »Gewalt«. Und es ist wie so oft beim Einsatz von Gewalt: Das schafft vermeintlich Bedeutung, Wichtigkeit, Identität in der Beziehung, ist »versteckte« Sehnsucht nach gelingender Beziehung. Und wenn diese Wörter dann auch noch die entsprechende Wirkung erzielen, dann werden sie schnell verehrungswürdige, nicht zu missende Utensilien – Kult also.

Wie damit umgehen? Verhindern, dass Kinder und Jugendliche sie hören, wird wohl nicht gehen, bei der Anerkennung und Verbreitung, die sie haben. Schimpfen hilft erfahrungsgemäß auch nichts. Eine ausschließlich moralische Auseinandersetzung wohl auch kaum. Damit fördern Sie höchstens unbewusst die Bereitschaft, »böse« Wörter zu verwenden. Eine konstruktive Auseinandersetzung muss deshalb aber nicht ausbleiben. Denn das Gelbe vom Ei für den zwischenmenschlichen Umgang ist Fäkalsprache nun wahrlich nicht.

Das beste Antidot gegen die Gewalt der Schimpfwörter sind aber wertschätzende Beziehungen. Gewalt in der Sprache lässt sich ja nicht nur an Schimpfwörtern festmachen, sondern gerade auch am Wie des Kommunizierens. Werden Schimpfwörter die Regel, so ist bereits sehr viel Gewalt im Spiel; oft, um mit Gewalt wieder Beziehung herzustellen.

Mobbing – alter Wein in neuen Schläuchen?

Rosa ist fünfzehn und besucht das Gymnasium. Sie ist klein und etwas dicklich. Im Turnunterricht ist sie den Klassenkameradinnen sportlich weit unterlegen. Aber sie ist eine gute Schülerin. Sie lernt viel und hat deswegen ganz besonders gute Noten. Sozial ist sie unbeholfen. Sie findet nicht so recht Anschluss in ihrer Klasse. Rosa passieren in ihrer Schule absonderliche Dinge. Ihr werden zum Beispiel die Turnschuhe versteckt und auch beim Umziehen nach dem Turnunterricht fehlt ein Kleidungsstück. Alle lachen, wenn Rosa verzweifelt danach sucht. Für gemeinsame außerschulische Aktivitäten kommt sie nicht infrage. Seit Kurzem bekommt sie auch abwertende SMS-Nachrichten auf ihr Handy. »Rosa – du hässliches Schweinchen Dick«, »Keiner will dich in unserer Klasse sehen«, »Rosa spiel mit deinen Puppen, Alex mag dich nicht!«

Die meisten dieser Aktivitäten gehen von Vanessa aus, einer Mitschülerin, die vor allem leistungsmäßig beträchtliche Schwierigkeiten in der Klasse hat. Vanessa hat eine Clique von Freundinnen um sich geschart. Für jede Aktion von Vanessa gibt es von den anderen Standing Ovations. Anfänglich haben sich einige Mitschülerinnen noch davon distanziert, aber Rosa reagiert immer derart blöd, dass sie es eigentlich verdient. Auch die Frau Klassenvorstand sagt schon, sie solle doch endlich aufhören, mit ihrem altklugen Getue und damit, die anderen zu vernadern. Sie solle doch endlich schauen, dass sie da rauskomme. Sie solle sich doch ein bisschen anpassen. Und irgendwie sei sie ja auch selber daran schuld. Ein im Zusammenhang mit Mobbing, wie Rupert Herzog, Autor des Buches »Gewalt ist keine Lösung«, feststellt, oft gehörter Satz, der dadurch aber nicht richtiger wird.

Rosa ist ein Mobbing-Opfer. Der Begriff Mobbing leitet sich vom Englischen »to mob« ab, was so viel heißt wie »anpöbeln«, »angreifen«. Mobbing ist ein neuer Name für ein altes Phänomen. Bisher wurde es mit Worten wie schikanieren, ausgrenzen, hänseln, plagen, demütigen erfasst. Mobbing ist eine heute viel diskutierte, im Alltag aber nach wie vor wenig wahrgenommene Form von versteckter Gewalt und auch Jugendgewalt. Noch weniger wird es ernst genommen. Und noch weniger wird dagegen getan.

Wir können Mobbing so definieren: Eine physisch und/oder psychisch schwächere Person ist über einen längeren Zeitraum direkten oder indirekten negativen Handlungen von überlegenen Personen ausgesetzt. Dies geschieht systematisch und wiederholt. Vorzugsweise in den unkontrollierten Bereichen von hierarchischen Strukturen wie Schule oder Arbeitsplatz. Charakteristisch für Mobbing ist auch, dass man sich ihm durch die Kontextgebundenheit nicht entziehen kann. Allgemein können grundsätzlich drei Formen von Mobbing unterschieden werden:

- *physisches Mobbing* (schlagen, festhalten, rempeln, einsperren, nötigen, erpressen, verprügeln, oft auch Bullying genannt),
- *verbales Mobbing* (auslachen, beschimpfen, verhöhnen, anschreien, lästern),
- *stummes Mobbing* (ausgrenzen, nicht beachten, links liegen lassen, wegdrehen, verächtlich anblicken).

Mobbing ist immer ein kollektiver, gemeinsamer Prozess, der sich nicht in der Zweierbeziehung zwischen Täter und Opfer erschöpft. Dazu gehören Mobbing-Opfer, Haupttäter und ihre Helfer und Assistenten, Mitläufer, Wegschauer.

Mobbing kennt heute gerade durch die neuen Technologien vielfältigste Formen. Cybermobbing etwa bedeutet beispielsweise das Hochladen von peinlichen Fotos auf Foren, in Internet Communitys, Einträge und Kommentare in Chats usw.

Neue Technologien und Medien lassen hier eine schier unerschöpflich scheinende Variationsmöglichkeit gegenüber dem klassischen Hänseln oder Spotten zu.

Mobbing ist ein typisch moderner Begriff, der so richtig boomt. Heute ist alles gleich Mobbing. Das steht in eigenartiger Ambivalenz dazu, wie wenig dagegen vorgegangen wird. Und das, obwohl alle beklagen, wie schrecklich Mobbing ist, und eigentlich wissen, dass auch sie jederzeit Opfer von Mobbing werden können, wenn die Umstände passen.

Was rechtfertigt eigentlich, Mobbing heute als neues soziales Phänomen der Jugendgewalt zu betrachten? Erniedrigen und Quälen anderer in und durch die Gruppe gibt es schon länger und es funktioniert immer über Mechanismen der Entmenschlichung des Opfers, der diffusen kollektiven Rechtfertigung und Zerstreuung der Verantwortung. Sozial gesehen erscheint Mobbing unserer Ansicht nach als eine Art kollektive Antwort auf die Herausforderungen, vor denen die Jugend heute steht. Leistungs- und Konkurrenzdruck, Angst vor Verlust der Stellung, Druck der Normen des Schönen und Ästhetischen. Mobbing ist direkte Anzeige des Drucks der Konkurrenz, der Leistungsgesellschaft und des modernen Konsums.

Wenn man Gefahr läuft, nicht mehr dazuzugehören, funktioniert der Prozess der Sündenbock-Suche noch immer am besten. So holen sich Gruppen, die aus dem Raster der Leistungsgesellschaft zu fallen drohen, denen droht, nicht mehr dazuzugehören, weil sie es nicht mehr schaffen, ihre Berechtigung.

Mobbing schafft Platz durch Erniedrigung anderer. Gerade daran wird deutlich, welche Rolle soziale Beziehungen für das Phänomen Jugendgewalt spielen. Solange nicht Formen der Wertschätzung und Kooperation beispielsweise in der Schule wirklich Platz greifen, wird sich dieses Phänomen reproduzieren und zuspitzen. Das eigentlich Neue am Mobbing ist nicht das Phänomen selbst, sondern sind die gesellschaftlichen Widersprüche oder Ambivalenzen, die es heute immer wieder neu entstehen und gedeihen lassen. Es ist – um aus der Sicht der Täter zu sprechen –, der verzweifelte Versuch, doch irgendwie dabei zu sein. Bei aller Differenzierung in der Betrachtungsweise muss eines klar sein: Mobbing ist nicht zu dulden und verlangt schon beim geringsten Anzeichen unser entschiedenes Eingreifen.

JUGENDGEWALT UND JUGENDKULT GEWALT – VERSUCH EINER ORDNUNG

In der Literatur finden sich viele Forschungsansätze, die das Phänomen Jugendgewalt aus unterschiedlichen Blickwinkeln – seien dies psychologische, soziologische oder medizinische usw. – zu beleuchten versuchen. Dabei stehen viele, einander oft auch widersprechende Ansätze nebeneinander, die unterschiedliche Aspekte im Zusammenhang mit Jugendgewalt herausstreichen. Auch ranken sich, angeheizt durch die Diskussionen in den Medien, viele Mythen um die Jugendgewalt. Wir haben bereits einige Facetten dieses Phänomens beleuchtet.

An dieser Stelle des Buches wollen wir nun versuchen, eine Ordnung in die bislang vorliegenden Befunde und vorherrschenden Meinungen zu bringen sowie mit den Mythen aufzuräumen, die sich um die Jugendgewalt ranken, und aufzeigen, was Jugendkult Gewalt bedeuten kann. Dieser Versuch einer Systematisierung stellt aber keinesfalls den Anspruch auf eine ganzheitliche Sichtweise, auf Vollständigkeit. Vielmehr sei versucht, möglicherweise wichtige Impulse in die Diskussion über Gewalt und ihre negative, destruktive Form einzubringen.

1. Gewalt ist kein Naturphänomen, dem der Mensch hilflos ausgeliefert ist und kann nicht auf ein Produkt des Aggressionstriebs reduziert werden. Schon gar nicht ist Gewalt als natürliches, primäres Prinzip des Menschen zu sehen.
2. Die neuere Forschung legt eher den Schluss nahe, dass der

Mensch auf Kooperation ausgelegt ist. Dafür sprechen auch die letzten neurobiologischen und genetischen Befunde. Das Gen ist kooperativ, so Joachim Bauer. Damit soll nicht in Zweifel gezogen werden, dass es ein im Menschen angelegtes Aggressionspotenzial gibt. Aggressive Muster sind zweifellos durch die Entstehungsgeschichte (Phylogenese) des Menschen verankert und entwickeln sich in seiner Daseinsgeschichte (Ontogenese) im dynamischen Wechselspiel von Gen, Verhalten und Umwelt.

3. Der Mensch braucht die Aggression allerdings dazu, um ein Zusammenleben zu sichern. Das ist, positiv gesehen, sozusagen der natürliche Sinn der Aggression.

4. Menschliche Gewalt, im gerechtfertigten wie im ungerechtfertigten, im positiven wie im negativen Sinne, ist als soziales und historisches Phänomen zu sehen. Mit der Entwicklung des Menschen und ab Erreichen eines gewissen möglichen Produktionsniveaus bedarf es infolge der notwendig werdenden Arbeitsteilung auch einer Gewaltenteilung. Es braucht Entscheidungen darüber, wer die Produktionsmittel besitzt, wer über sie verfügt, sie verwaltet, mit ihnen wirtschaftet und sie im Arbeitsprozess ausführend bedient, um das mögliche Niveau auch zu erreichen. Mit Entstehen der Klassengesellschaften ändert Gewalt ihre sozial-historische Funktion.

5. Gewalt war und ist attraktiv, bis zu einem gewissen Grad also magisch anziehend für den Menschen. Gewalt über andere, über Leben und Tod, zu besitzen, gibt das Gefühl der (All)Macht, der Stärke, des Selbstbewusstseins, der Bedeutung. Was mit Gewalt erreichbar und machbar ist, hat sich historisch und gesellschaftlich zu einem wichtigen Motivator des Menschen entwickelt.

6. Es mag bizarr, verrückt oder gar obszön klingen: Durchaus lässt sich die These aufstellen, dass Gewalt, auch in ihrem

abscheulichsten Gesicht, jenem des Krieges, wohl ein wesentlicher Motor für die (Weiter)Entwicklung der Gesellschaft gewesen ist. Ohne gewalttätige Auseinandersetzungen wären gewisse Niveaus des Menschen, die wir heute als selbstverständlich ansehen, nicht erreichbar gewesen. Insbesondere aber auch gewisse Freiheiten. Gewalt als Motor der Entwicklung hat immer einen hohen Preis gehabt: Abermillionen Tote, geringer Wert des Leben des Einzelnen und von vielen, abgrundtiefe Verzweiflung und ein hohes Maß an Stress.

7. Nach zwei Weltkriegen, Millionen Toten, grauenhaften Pogromen im Holocaust und vielleicht noch viel Grauenhafterem davor scheint der Höhepunkt der Gewalt in der Welt und in unserer Gesellschaft überschritten. Das Leichenzählen geht heute erfreulicher aus. Die anteilige Zahl der Toten einer Gesellschaft bei Krieg ist heute weit geringer als bei blutigen Schlachten zurückliegender Epochen. Wir können einen Rückgang regionaler kriegerischer Konflikte und zunehmende Bemühungen um friedliche Lösungen auf politischer Ebene beobachten. Die anteilige Zahl der Morde, beispielhaft untersucht in England, ist heute deutlich geringer als in früheren Zeiten. Dies zeigen auch Kriminalstatistiken auf. Die Gewalt scheint sich also auf dem Rückzug zu befinden.

8. Das heißt nicht, dass Gewalt in unserer Gesellschaft keine Rolle mehr spielt. Nach wie vor wird der Gewalt das Wort geredet. Nach wie vor machen sich einige wenige, wenn auch nicht viele, durch Gewalt stark wie Rechtsextremisten, die Al Kaida, aber auch ein amerikanischer Präsident der jüngeren Geschichte als Feldherr usw.

9. Gewalt in unserer Gesellschaft und in der Welt bremst jedoch – anders als früher – unsere Entwicklung. Erfolg heute und in der Zukunft braucht Kooperation. Ohne näher

darauf eingehen zu wollen, seien hier globale Themen wie der Klimawandel oder die jüngst über uns hereingebrochene Weltwirtschaftskrise genannt, die wohl kaum ausschließlich »regionalpolitisch«, innerstaatlich gelöst werden können. Auch der Kapitalismus hat erkannt, dass mit lebenden Partnern bessere Geschäfte zu machen sind als mit Toten. Die Zeiten des (Herrschafts)Gewinns durch Eroberung und Zerstörung sind zunehmend vorbei. Es bleibt allerdings das Faktum, dass unsere westlichen Gesellschaften auch auf Konkurrenz aufgebaut sind.

10. Gewalt war in der Geschichte der Menschheit immer mit Jugend verbunden. Heroen und Krieger, sie alle waren jung und vor Kraft strotzend: Herakles, Alexander der Große. Dies hat den Mythos rund um die Gewalt genährt. »Man(n)« ist vital, stark, mächtig, so wie auch die Filmindustrie uns heute Helden zeichnet, deren Gewalt uns geradezu verzaubert. Wer »Avatar« gesehen hat, dem wird klar: Die gute, reine Gewalt ist jung und setzt sich gegen die Gewalt des alten, zerbrechlichen Bösen durch. So sehr wir junge Heldengewalt anhimmeln und uns an ihr begeistern können, so sehr erleben wir die tatsächliche Jugendgewalt als reale Bedrohung. Wer fürchtet sich nicht vor der räuberischen Gewalt der fremdländischen Jugend, vor der Brutalität der jungen Neonaziszene? Jugendgewalt wird heute immer als Bedrohung unserer gutbürgerlichen Existenz wahrgenommen. Sie scheint uns in unseren gesellschaftlichen Grundfesten zu bedrohen. Vermutlich ist dies zu einem großen Teil der entsprechenden Berichterstattung unserer Medien zu verdanken, die sich nicht zuletzt auch aus einem gewissen Eigeninteresse mit Negativschlagzeilen überbieten, lassen sich doch gerade schlechte Nachrichten am besten verkaufen. Jugendgewalt ist auch eine wunderba-

re Projektionsfläche für die immer unübersehbarer werdenden Widersprüche und Probleme unserer modernen »post-
kapitalistischen« Gesellschaft.

11. Die Realität sieht Gott sei Dank viel weniger bedrohlich
aus. Nur ein verschwindend kleiner Teil der Jugend ist wirklich gewalttätig. Noch ist die Jugend von heute pragmatisch
und orientiert sich am Wertmaßstab der Leistung. Nach wie
vor wird in der Diskussion über Jugendgewalt überwiegend
ausgeblendet, welche positiven Herausforderungen mit dem
Auftreten von Jugendgewalt verbunden sind. Es dominiert
die »Law & Order«-Mentalität. Nach wie vor gilt die alte
Forderung nach mehr Zucht und Ordnung, Verboten, Strafen usw. Das Zuhören und Eingehen auf Jugendliche steht
nach wie vor in zweiter Reihe.

12. Dies mag noch eine Zeit lang gut gehen, bietet dem Teufelskreis der Gewalteskalation aber längerfristig nur neue
Nahrung. Längst ist das Ergebnis vieler Diskussionen in der
psychologischen und pädagogischen Fachliteratur allgemein
anerkannt, dass eine negative Reaktion auf Negatives nur
noch mehr Negatives schafft. Im öffentlichen Diskurs über
das Thema Jugendgewalt scheint diese Erkenntnis bislang
nur eine geringe Rolle zu spielen.

13. Zweifelsohne scheinen die Voraussetzungen für einen weiteren Anstieg jugendlicher Gewalt leider günstig zu sein. Unsere Kinder und Jugendlichen müssen sich in einer noch nie da
gewesenen Pluralität oder Vielfalt von Orientierungen, Werten, Angeboten und Widersprüchen zurechtfinden. In einer
immer komplexer werdenden Welt, die sich immer rascher
ändert. Und dies bei erwiesenermaßen schlechten Zukunfts-
perspektiven und schwächerer Eingebettetheit in stabile soziale Strukturen. Das macht unsere Kinder aggressiv.

14. Aber Jugendgewalt oder das, was Kinder und Jugendliche

aggressiv macht, lässt sich leider nicht in einfachen Mustern erklären. So gerne wir dies auch hätten, dem ist leider nicht so. Nicht jeder arbeitslose Jugendliche wird zum Neonazi oder brutalen Schläger. Nicht jedes Mädchen aus zerrüttetem Elternhaus ritzt sich oder schneidet sich die Pulsadern auf. Nicht jeder junge Ausländer, der sich massiven soziokulturellen Widersprüchen ausgesetzt sieht, wird zum gewalttätigen Gegner unserer Gesellschaft oder zum Mitglied einer Gang, die räuberisch durch die Gassen zieht. Nicht jeder »Counter-Strike«-Spieler ist ein Killer, nicht jeder »World of Warcraft«-Spieler ein in sich gekehrter Einzelgänger, nicht jeder sich zurückziehende Sonderling ein potenzieller Amokläufer. Unserer Meinung nach ist kein eindeutiges und klares Muster für das Auftreten jugendlicher Gewalt und Aggression diagnostizierbar. Auch wenn es uns schwer fallen mag, dies anzunehmen. Es gibt viele begünstigende, aber nicht hinreichende Faktoren für Aggression und Gewalt. In dem wechselseitigen Wirken dieser Faktoren unter bestimmten Bedingungen in bestimmten Situationen kann dann Gewalt auftreten oder auch nicht und sich in der Folge verstärken oder auch nicht. Mit dieser wenig rosigen Aussicht haben wir, die Elterngeneration, fertig zu werden. Am besten ist da noch ein prozessorientiertes, verstehendes Herangehen, um das Phänomen Jugendgewalt zu begreifen.

15. Viel eindeutigere Antworten können wir auf die Frage geben, was wir tun können, um Gewalt bei unseren Kindern und Jugendlichen erst gar nicht aufkommen zu lassen. Studien aus den verschiedensten Wissensrichtungen kommen zu den gleichen Faktoren, die hier wichtig sind, wenngleich sie vielleicht da und dort anders benannt werden:
    • Anerkennung
    • Rückhalt

- Positive Emotionen und Gefühle
- Positive Beziehungen
- Förderung prosozialen Handelns

16. Jugendgewalt soll dabei keineswegs bagatellisiert werden. Es braucht eine entschiedene, aber differenzierte Auseinandersetzung. Es hilft nichts, berechtigten Protest der Jugend vorschnell als »krank« abzuqualifizieren. Das eskaliert. Es ist auch nicht hilfreich, schreckliche Gewalttaten Jugendlicher wie etwa Amok als pathologische Handlungen Einzelner zu sehen. Verständlich werden solche Taten nur in ihrer Eingebettetheit in den Kontext und psychosoziale Bezüge, denn Gewalttaten Jugendlicher, so schrecklich sie auch sein mögen, geschehen nie in einem »luftleeren« Raum. Erst dann ist wirksames Handeln möglich. Es ist aber auch nicht sinnvoll, Jugendgewalt mit dem Hinweis auf eine gesellschaftliche Bedingtheit zu exkulpieren. Die spezifische Rolle bzw. Verantwortung Einzelner muss aufgezeigt werden. Sie sind verantwortlich zu machen. Erst dann gelingt die Differenzierung zwischen berechtigtem Protest und Gewalt. Hier hat Expertise anzusetzen.

17. In unserer modernen Gesellschaft droht gerade unsere verunsicherte und oft weitgehend orientierungslose Jugend Gewalt zum Kult zu erheben. Weil Gewalt eben starke Emotionen loslösen kann. Gefühle der (All)Macht und des Bedeutend-Seins, die oft in keiner anderen Realität (Schule, Lehrberuf usw.) zu den tatsächlichen Möglichkeiten zählen. Das trifft auf den randalierenden jungen Hooligan, der im Kampf nach dem Spiel seine Stunde gekommen sieht, ebenso zu wie auf den höflichen, wohlerzogenen Jurastudenten, der beim Fußballspiel als Verteidiger gerne den Fuß stehen lässt, harte Fouls begeht oder den Schiedsrichter bei auch nur vermeintlichen Fehlentscheidungen wüst beschimpft,

oder den niemals müde werdenden Supercomputerfreak, den »Ego-Shooter«-Spieler, wenn er eine neue Bestmarke an Toten aufgestellt hat. Jugendkult Gewalt, weil nichts anderes da ist, um sich zu finden.

18. Der Jugendkult Gewalt erzeugt starke Gefühle, die man immer wieder erleben möchte. Dass er auch starken Stress verursacht, der – wie uns die Medizin sagt – auf lange Sicht ganz und gar nicht gesund ist, ist die andere Seite. Es ist wie bei der Sucht. Noch scheinen wir nicht erkannt zu haben, welches Gefahrenpotenzial hier drinsteckt.

19. Die heutige Industrie hat das Potenzial der Gewalt als Kult allerdings längst erkannt. Gewalt in ihrer vielfältigsten Form, sei es im Videospiel, rund um den Fußball usw., »zahlt sich aus«. Mit Gewalt lassen sich gute Gewinne erzielen. Wussten Sie, dass sich rund um das Phänomen des Hooliganismus ein ganzer Internet-Markt aufgebaut hat, der außer Rand und Band geraten zu sein scheint und die »wahren« Fußballfans versorgt? Gleiches trifft auch auf die Neonaziszene zu. Gewalt ist cool und Kult. Und Kult verkauft sich gut.

20. Der Jugendkult Gewalt hat heute noch einen weiteren besonderen Motor. Er lebt zwischen antiken Heldensagen und Verbotenem, zwischen den Zeigefinger erhebenden Eltern und Lehrern, zwischen der ratlosen Politik und der Aussicht auf etwas Neues, Eigenständiges, Eigenes, Bedeutendes, das sonst niemand kann oder sich nachzumachen traut. Und wenn etwas einen Kult wirklich zum Kult werden lässt, dann ist es diese mythische Stellung zwischen Gut und Böse.

KAPITEL 3

Jugendgewalt als psychologisches Phänomen – Wie jemand gewalttätig wird

Im vorangegangen Kapitel haben wir vorwiegend Befunde aus dem sozialen, zwischenmenschlichen Bereich zusammengetragen, die uns helfen sollen, das Phänomen der Gewalt zu verstehen. Die Kernaussage war, dass Gewalt ein sozial-historisches Phänomen ist und keine über den Menschen oder gar den Jugendlichen herrschende Naturgewalt.

Nun stellen sich zwei Fragen:

1. Wie schon dargestellt, kann kein Zweifel daran bestehen, dass Aggression eine phylogenetisch im Menschen angelegte Verhaltensdisposition ist. Wie passt das zum Bild des sozialhistorischen Phänomens der Gewalt?
2. Was spielt sich »psychologisch« ab? Was geht im Menschen, im Jugendlichen, in seiner Seele vor, damit er aggressiv handelt?

Um diese Fragen beantworten zu können, wollen wir uns auf einen kurzen, vereinfacht dargestellten Ausflug in die Neurobiologie und Neuropsychologie begeben.

Wir werden dabei auf Überraschendes stoßen, dass nämlich Aggression ein durchaus sinnvolles Verhalten im funktionalen Dienst des Grundbedürfnisses nach Beziehung ist. Das ist ziemlich weit weg von Sigmund Freud, der Aggression als angeboren sah und sie lediglich mit einem Todestrieb verband. Die kooperative Seite der Aggression konnte oder wollte er nicht sehen. Seine Ausführungen zum Todestrieb entstanden unter dem Einfluss des Ersten Weltkriegs. Allerdings hatte Aggression schon bei Freud einen Beziehungsaspekt: Sie steht im Dienste der Loslösung.

Weiters werden wir uns in diesem Kapitel mit der erschreckenden Tatsache beschäftigen, dass jeder von uns »böse« werden kann, und darlegen, was das mit Gewalt zu tun hat. Abschließend wollen wir ein psychologisch-systemisches Modell entwickeln, das beschreibt, wie Aggression beim Einzelnen in Wechselwirkung mit sozialen Faktoren (Systemgegebenheiten) entsteht, und Hinweise für konkretes Handeln gegen Aggression und letztlich auch Jugendgewalt gibt. Aggression wird dabei als ein unvollkommener Lösungsversuch zur Befriedigung grundlegender sozial-emotionaler Bedürfnisse beschrieben.

IST DAS BÖSE IN UNS ANGELEGT? NEURO-BIOLOGISCHES UND NEUROPSYCHOLOGISCHES ZUR MENSCHLICHEN AGGRESSION

Um schlau zu werden, durchforsteten wir Hunderte von Artikeln aus der Fachliteratur, wissenschaftliche Abhandlungen, Arbeiten und dergleichen. Wir fanden detaillierte Beschreibungen von neurobiologischen und neurochemischen Abläufen bis hin zu einzelnen neuropsychologischen Versuchsanordnungen zur Erklärung des Phänomens der Aggression – Grundlagenforschung also. Wir fanden aber zunächst keinen uns zufriedenstellenden roten Faden.

Aggression in Beziehung zur Beziehung

Bis wir auf Joachim Bauer stießen. Bauer ist Arzt, Neurobiologe und Psychotherapeut, einer, der sein Handwerk von der Pike auf gelernt hat. Er hat den Gedanken vom kooperativen Gen entwickelt und vertritt die Auffassung, dass der Mensch von Natur aus auf Kooperation ausgelegt sei. Er verblüfft mit der Feststellung, Aggression stehe im Dienste sozialer Beziehungen und deren Verteidigung. Abgesehen von einigen Fällen, in denen Gewalt als meist durch extrem negative Erfahrungen erzeugtes krankhaftes Verhaltensmuster auftritt, stehe Aggression immer im Dienste des Strebens nach Anerkennung, Beziehung, Kooperation und sozialer Zugehörigkeit. Aggression komme immer dann ins Spiel, wenn Bindungen bedroht seien, nicht gelingen oder fehlen.

In einer groß angelegten Untersuchung an der Universität Göttingen konnte eindeutig nachgewiesen werden, dass Personen, die mit einer Bedrohung ihrer Partnerschaft konfrontiert sind, zu einem hohen Prozentsatz mit Aggression reagieren. Über die rein psychologische Fundierung hinaus führt Bauer auch eine Reihe neurobiologischer Belege für den Zusammenhang zwischen Aggression und Beziehung an.

In einem Experiment, bei dem es um Geldanlage ging (was als Vertrauenssache definiert wurde), zeigte sich, dass bei Personen, denen wenig Vertrauen entgegengebracht wird, der Spiegel des Aggressionshormons DHT (Dihydrotestosteron) steigt. Bei Personen, denen Vertrauen entgegengebracht wird, hingegen steigt der Spiegel des von Joachim Bauer als Vertrauenshormon bezeichneten Oxytocins.

Damit wird ein altes Paradigma auf den Kopf gestellt. Das sind völlig neue Gedanken zur biologischen Bedeutung von Kooperation und Aggression. Jahrzehntelang hat man uns mit Erfolg eingetrichtert, dass Aggression und Gewalt dazu da seien, um im sozialen erwünschten Fall über andere zu siegen, im unerwünschten Fall sie zu vernichten, um selbst einen Vorteil zu haben. Jetzt sollen Aggression und Gewalt plötzlich der menschlichen Kooperation dienen. Das ist nicht so einfach in unsere Köpfe zu bringen. Da sind wir, dank des Einflusses der Soziobiologie, noch sehr Charles Darwin verhaftet: Kampf ums Dasein und rücksichtsloses Anstreben der eigenen Ziele ist demnach die optimale (Über)Lebensstrategie; dieser dient die Aggression.

Nach Joachim Bauer aber ist das Streben nach Kooperation,

Zuwendung und Wertschätzung die optimale Lebensstrategie, die biologisch grundgelegt ist und der die Aggression dient. Mit dieser Auffassung erledigen sich eine Reihe, die Diskussion wohl fälschlicherweise bestimmende Fragen rund um die Aggression. Es geht nicht mehr um die Frage, ob diese genetisch angelegt ist oder erworben wird. Heute, in Zeiten der modernen Neuropsychologie, ist uns möglich, was Freud verwehrt blieb, nämlich der von ihm sehnlich erwünschte Blick in unser Gehirn und die dort beheimateten Funktionen. Heute können Kampf-Flucht-Reaktionen und der von Freud beschriebene Aggressionstrieb besser in den Gesamtbegriff der Aggressivität eingeordnet werden. Im Verständnis eines im Menschen angelegten phylogenetischen Programms, das auch automatisiert und ohne bewusstes Zutun ablaufen kann. Und auch im Verständnis einer vitalen, antreibenden Kraft im menschlichen Dasein, die den Menschen aber eben auch zu Aggression und Gewalt befähigt. Die Frage ist also, wie schon gesagt, nicht mehr, ob Aggression genetisch angelegt ist oder nicht, sondern wie sie vom Menschen genutzt wird.

Sozialer Schmerz und Aggression

Alles schön und gut, doch warum soll gerade Aggression durch die Gefährdung sozialer Beziehung ausgelöst werden? Eine berechtigte Frage. Zunächst sei einmal grundlegend darauf hingewiesen, dass es für die Annahme, dass Aggression im Überlebenskampf gegen andere ihren Ursprung hat, keine Beweise gibt.

Gesicherte und klare Erkenntnisse besitzen wir allerdings darüber, dass Schmerz die Ursache für Aggression ist bzw. Aggression dabei dienlich ist, die eigene Unversehrtheit zu bewahren und Schmerz abzuwehren. Schmerz ist das Signal, dass im Organismus eine diesem nicht zuträgliche Situation vorherrscht, durch die er gefährdet ist. Darauf reagiert das menschliche Gehirn, also das Zentralnervensystem, mit einer von mehreren möglichen Reaktionen, je nachdem, wie diese Situation bewertet wird. Sind keine anderen Möglichkeiten wie etwa Flucht, Rückzug usw. zur Abwehr von Schmerz vorhanden, so wird mit Aggression reagiert.

Dass körperlicher Schmerz Aggression verursacht, ist intuitiv nachvollziehbar. Warum sollen bedrohte Bindungen dies nicht tun? Der Körper, unser Gehirn macht hier keinen Unterschied zwischen körperlichem Schmerz, sogenanntem sozialem Schmerz (»*social pain*«) und emotionalem Schmerz. Mittels funktionaler Kernspintomografie konnte nachgewiesen werden, dass soziale Isolation wichtige Teile neurobiologischer Schmerzzentren des Gehirns aktiviert. Soziale Zurückweisung wird also nicht nur psychisch, sondern auch neurobiologisch als Schmerz erlebt und mit einer dementsprechenden (aggressiven) Stressreaktion beantwortet. Man kann also sagen, die Abwesenheit von körperlichem, aber auch sozialem Schmerz ist für das Wohlbefinden des Organismus biologisch unverzichtbar.

Neurologie der Aggression

Zum besseren Verständnis wollen wir hier kurz darstellen, was in etwa bei der Stressreaktion Aggression abläuft. Auf einen sogenannten Reiz (Schmerz, soziale Zurückweisung, Versagung, auch vorgestellte soziale Zurückweisung, erlebte Frustration usw.) wird im Zusammenspiel mit verbundenen Regionen im Großhirn, im sogenannten limbischen System, ein Erregungsmuster erzeugt. Der Mensch merkt das durch das Hochkommen von Gefühlen. Nach Hüther ist das grundlegende Gefühl in diesem Zusammenhang Angst, aus der Ärger und Wut entstehen können. Nun wird eine Reaktion veranlasst. An dieser sind Hormone und Botenstoffe beteilig: im Wesentlichen Katecholamine, Adrenalin, Noradrenalin, Dopamin und Serotonin. Der Organismus wird auf Kampf gestellt: Das Herz beginnt zu rasen, der Blutdruck steigt, die Haare – so vorhanden – sträuben sich, die Pupillen weiten sich usw. Welche Ausformungen eine aggressive Reaktion nun annehmen kann, hängt, soweit bekannt, von vielen Faktoren ab: Geschlecht, Genen, Charaktereigenschaften, Lernerfahrungen, kulturellen Bedingungen usw. Normalerweise wird Aggression gehemmt, sozial überformt.

Hirnfunktion und Aggression

Solchen Aggressionen können auch extreme Formen annehmen. Wie kommt es dazu?

Eine Rolle dürften dabei Beeinträchtigungen der Selbstkontroll- bzw. exekutiven Funktionen unseres Gehirns spielen. Damit sind Handlungsplanung, Hemmung von Impulsen, Emotionsregulation, Einfühlungsvermögen, Affektmodulation, Absehen von Konsequenzen, Lernen aus Bestrafung usw. gemeint. Diese Funktionen sitzen, vereinfacht gesagt, im Frontallappen bzw. im Stirnhirn. Bildgebende Verfahren, mit denen die Aktivität in verschiedenen Gehirnregionen abgebildet werden kann, zeigen bei Psychopathen Beeinträchtigungen der Funktionen dieser Gehirnregionen.

Auch bei Kindern und Jugendlichen können sich solche Dysfunktionen zeigen. Das äußert sich dann früh in Unaufmerksamkeit und Impulsivität sowie in weiterer Folge durch Probleme, die Konsequenzen des eigenen Handelns abzusehen, und durch Schwierigkeiten, auf andere einzugehen, usw. Oft sind sie ein Zeichen von Unreife, sie können aber auch Folge von Funktionsstörungen in den betreffenden Gehirnregionen bzw. von minimalen Schädigungen vor, während oder nach der Geburt sein. Eine Vielzahl von

Störungen ist bei diesen Kindern bemerkbar: Hyperaktivität, autistische Verhaltenszüge, asoziales Verhalten, Betragensstörungen sowie u. a. auch Aggressivität.

Fehlfunktionen im Serotoninsystem, welches für Hemmung von Impulsen und für innere Ausgewogenheit zuständig ist, scheinen auch für impulsiv-aggressives Verhalten und fehlende Affektkontrolle verantwortlich. Gefunden wurden auch Gene, die den Dopaminabbau behindern und dadurch gesteigerten Antrieb hervorrufen. Dopamin wird in diesem Zusammenhang eine aggressionsstimulierende Funktion zugesprochen.

Was bedeuten nun diese Fakten? Dass es unter unseren Kindern doch geborene Verbrecher und Gewalttäter gibt, wie eine isolierte Betrachtungsweise nahelegen könnte? Wir wollen dazu einige Tatsachen aufzeigen. Die meisten Psychopathen finden sich dem bekanntesten Psychopathieforscher Robert D. Hare zufolge nicht unter den inhaftierten Mördern und Gewaltverbrechern, sondern eindeutig an der Börse. Börsenmaklern mag ihre »soziale Störung« hilfreich sein, deshalb sind sie aber noch nicht gleich Gewalttäter. Psychopathie also auch als Modell für soziales (Fehl)Handeln und nicht bloß für den geborenen Verbrecher.

Ein erhöhter Dopaminspiegel kann auch erhöhte Kreativität und Engagement bewirken. Nicht jedes Kind mit Problemen bei der Selbstkontrolle macht eine Karriere als aggressiver Schläger.

Die weiter oben beschriebenen Sachverhalte tragen zum Verständnis von oft abstrusen Gewalttaten bei, sind in Extremfällen oft sogar dafür entscheidend, die alleinige Ursache von Aggression und Gewalt sind sie aber nicht.

Lernen und Aggression

Dies lässt sich auch aus einer anderen Sicht belegen. Dario Maestripieri, Professor für Vergleichende Bildungsforschung, zeigte in einem Experiment auf, dass Aggression vor allem durch zwei Dinge entsteht:

- durch das Erleben von Gewalt und
- durch das Erlernen von Gewalt in sozialen Situationen.

Dazu untersuchte er Affenmütter mit ihren Kindern. Viele dieser Affenmütter behandelten ihre Kinder fürsorglich und liebevoll, einige wenige behandelten sie abwertend und aggressiv. Dann ließ Maestripieri diese Affenmütter wieder schwanger werden und die Kinder der aggressiven Mütter durch die fürsorglichen und die Kinder der fürsorglichen durch die aggressiven Affenmütter aufziehen. Dabei zeigte sich: Jungaffen, die von aggressiven Affenmüttern aufgezogen wurden, tendierten vermehrt zu Aggression. Jene, die von fürsorglichen Affenmüttern aufgezogen wurden, weit weniger.

Offensichtlich haben frühe Lernerfahrungen größere Wirkungen als die genetische Prädisposition, also Vorherbestimmung.

Die Untersuchung zeigt auch gut, wann Aggression als Verhalten auftritt, nämlich unter Bedingungen von »*social pain*«. Wenn genetisch »gute« Kinder schlecht behandelt werden, dann kommt es zu Aggression im Sinne einer Stressreaktion. Selbst erlittene Gewalt und Lernprozesse der Gewalt erzeugen Gewalt- und Aggressionsmuster.

Pervertierung der Aggression

Diese Gewalt- und Aggressionsmuster können mehr oder minder stark pervertieren. In Anlehnung an Gerald Hüther und sein Buch

»Biologie der Angst« ist Aggression eine Stressreaktion auf einen Gefahrenreiz, Antwort auf den Gefahrenreiz »*social pain*«. Wenn man nichts anderes kennt, können aggressive Reaktionsmuster, in Anlehnung an Hüther, zu Autobahnen des Zentralnervensystems werden. Aggression wird als primäres Reaktionsmuster gebahnt und immer wieder eingesetzt, um den Stress zu reduzieren, und zwar dank der Flexibilität des Gehirns für alles Mögliche. Das heißt, Lernerfahrungen mit und um die Aggression bahnen neuronale Wege für aggressives Verhalten und damit für die Pervertierung der ursprünglichen Funktion der Aggression. Erfolge durch derartige Aggression scheinen ebenfalls den Botenstoff Dopamin als Glückshormon freizusetzen.

Gedanken von Hüther folgend sei hinzugefügt, dass dies nicht unbegrenzt möglich ist, denn der Preis der Aggression ist hoch und schafft im Körper bald Bedingungen unkontrollierbarer, sich fortsetzender Stressreaktionen. Auf diese reagiert der Betroffene mit Verzweiflung und letztlich mit einem Zusammenbruch, der Depression. Das ist möglicherweise die Erklärung dafür, warum grenzenlose und für geradezu unglaublich gehaltene Aggression so knapp neben Angst und Verzweiflung liegt, warum in Polizeigewahrsam genommene Hooligans dort dann oft wie ein Häufchen Elend zusammensacken und nicht einmal mehr ihre Ausscheidungsfunktionen im Griff haben.

Halten wir fest: Aggression steht ursprünglich im Dienste des biologisch fundierten Grundbedürfnisses nach Anerkennung, Beziehung und Zugehörigkeit. Dieser Motor der Aggression gilt für den Einzelnen wie für die Gruppe, auch wenn das häufig nicht unmittelbar nachvollziehbar ist. Direkte oder indirekte Aggression tritt immer dann auf, wenn es um das Gelingen von Beziehung, um die Verteidigung von Beziehung oder die Reaktion auf das Scheitern von Beziehung geht. Aggression steht in Beziehung zur Beziehung.

Sie füllt nach Gunther Schmidt das Vakuum von Beziehungslosigkeit. Sie in Beziehung zur Beziehung zu sehen, macht sie angreifbar und veränderbar, sie verliert ihren Nimbus als unveränderliches, bedrohliches Etwas.

Varianten von Aggression

Nach Joachim Bauer lassen sich fünf Varianten von Aggression feststellen:

1. Erstens tritt Aggression auf, um bestehende Beziehungen zu verteidigen. Beziehungen, die nicht verteidigt werden, haben eine schlechte Prognose. Um das neurologische, neurobiologische Korrelat zu zeigen, sei darauf verwiesen, dass beispielsweise Präriewühlmäuse, die eine feste Bindung eingegangen sind, diese gegen fremde Männchen und Weibchen verteidigen und dabei Gene aus den Motivationsbereichen aktiviert werden.

2. Die zweite Form der Aggression ist der Kampf um Anerkennung oder Liebe; z. B. unter Geschwistern um die Liebe der Eltern oder unter Schülern um die Anerkennung des Lehrers, was oft als schulischer Ehrgeiz missverstanden wird. Wir können sagen: Gemeinschaften, die Anerkennung und Liebe knapp halten, verbrauchen aus einem neurobiologischen Reflex heraus durch das Initiieren aggressiver Konflikte die meiste Energie.

3. Die dritte Form der Aggression kann innerhalb bestehender Partnerschaften und Gemeinschaften auftreten. Im Lauf einer solchen Partnerschaft können Dysbalancen auftreten, die das gemeinsame Sein gefährden. Aggressionen in Zweierbeziehungen haben die wichtige Signalfunktion, sich wieder aufeinander zu besinnen. Und möglicherweise auch die

Funktion, die Identität des Einzelnen zu sichern. Denn eine zentrale Frage lautet: Wie sehr komme ich als Person in der Partnerschaft vor, wie sehr kann und darf ich ich selbst sein? Das kann auch der Hintergrund dafür sein, warum Kinder, die von ihren Müttern überfürsorglich behandelt werden, nicht selten zu Respektlosigkeit und Aggressivität gerade gegenüber ihren Müttern neigen.

4. In der vierten Variante finden wir einen besonders interessanten Zusammenhang zwischen Aggression und Bindung. Bei Aggression, die gemeinsam ausgeübt wird – etwa durch Jugendgangs, Hooligans usw., aber auch durch Kriegskameraden –, hat Aggression meist den unbewussten Zweck, Gemeinsamkeit herzustellen. Viele Soldaten verklären Kriegstraumatisierungen. Oft ist das Ausdruck eines in Todesgefahr manchmal fast ekstatischen Gemeinschaftserlebnisses. Je größer der Druck, desto stärker die Sehnsucht nach innerer Bindung und die Aggression nach außen als Vermittler. Auf den nicht leicht zu erkennenden Zusammenhang zwischen Gemeinschaft und Aggression nach außen zielen auch Studien von Marc Sageman ab. Er untersuchte im Auftrag eines amerikanischen Geheimdienstes die Profile von 400 islamischen Topterroristen. Fast alle kamen aus gut situierten Familien. Sie waren zum Studium ins Ausland geschickt worden. Über 80 Prozent fühlten sich von der Gesellschaft, in der sie nun lebten, ausgeschlossen. Den sozialen Anschluss fanden sie im Umfeld radikaler Gruppen. Der Weg dorthin vollzog sich fast immer über die Freundschaft mit einem Mitglied dieser Gruppe. Von dieser konnten und wollten sie sich dann nicht mehr lösen und übernahmen Terroraufträge als gemeinschaftsstabilisierendes Phänomen. Das dürfte auch das Geheimnis vieler rechtsextremer, aber auch linksextremer Gruppierungen sein.

5. Die fünfte Form der Aggression geht von Menschen und ihren Wünschen aus, die (a) aufgrund schwerer Verwahrlosungen keine guten Beziehungserfahrungen machen konnten, (b) unter anderem wahrscheinlich selbst massiv Gewalt erlitten haben bzw. (c) eine massive Lerngeschichte in Bezug auf Gewaltausübung hinter sich haben. Vor allem das Fehlen von guten Beziehungen bzw. sicheren Bindungen bewirkt neurobiologischen Untersuchungen zufolge einen Mangel an Oxytocin. Dies wiederum führt, wenn man den Forschungen Glauben schenken darf, zu einer vergleichsweise höheren Aktivität der Angstzentrale im Hirn. Ein teuflischer Kreislauf kann beginnen. Aus Angst, alles – sich selbst, seine Integrität, seinen Bezug zu anderen – zu verlieren, kommt Aggression ins Spiel, die in ihrer brutalsten Form wieder nur eines tötet: Beziehung. Ausreichend Oxytocin stärkt die Bindung an Menschen und vermindert die Angst.

Die Aggression vieler Gewalttäter beschreibt sich nach Joachim Bauers Studien zufolge meist als Kombination der zuvor genannten drei Faktoren. Dies trifft auf notorisch gewalttätige Menschen im Westen wahrscheinlich ebenso zu wie auf den afrikanischen Kindersoldaten oder den fanatischen Nachwuchs der Terroristen im Namen des Jihad. Die Aggression ist, psychologisch gesprochen, die Art und Weise, wie diese Menschen stellvertretend nach Liebe und Anerkennung suchen. Sie bahnt sich aber auch ihren Weg als primäres, vorherrschendes Verhaltensmuster, wenn sie vermehrt ausgeübt wird. Und diese Menschen verlieren damit alles, was sie eigentlich suchen, nämlich Beziehung.

Scham und Aggression

Neuere Studien zeigen auch, dass Scham bei der Aggressionsentstehung eine Rolle zu spielen dürfte, und zwar in zweierlei Hinsicht: (1) in Form von Beschämung und (2) in Form von mangelndem Schamgefühl. Das klingt einleuchtend. Viele Gewalttäter wurden zuvor massiv beschämt. Die elementare emotionale Wucht des Schamgefühls kann nur durch Rückzug oder Aggression abgewehrt werden. Viele chronisch Aggressive haben auch ihr Schamgefühl verloren. Hier spielen sicher Hirnfunktionsstörungen ebenso mit wie soziale Lernprozesse.

Ausblick

Lassen Sie uns noch einmal wiederholen: Das Ausüben von Aggression gleicht vom neurobiologischen Ablauf her stets dem Ablauf einer Stressreaktion. Der Akt der Aggression kann einer als herausfordernd bewerteten Situation folgen. Angst spielt dabei immer eine Rolle, und zwar die Angst um fehlende Beziehung, die Angst, nicht dabei zu sein oder nicht dazuzugehören. Alle Systeme des Körpers werden auf Kampf gestellt, vermittelnde Botenstoffe ausgeschüttet. Und es kommt durch den Akt der Aggression zu einem ungeheuren Motivationsschub und einer massiven Erleichterung. Aber es ist wie beim Suchtverhalten: Es muss immer mehr davon werden, damit der gewünschte Effekt eintritt.

Und Aggression schafft Gegenaggression, d. h. der Stress wird immer größer und nimmt Ausmaße einer unkontrollierbaren, sich fortsetzenden Stressreaktion an. Dieser Stresszustand lässt sich vom menschlichen Organismus nicht überdauernd aufrechterhalten. Wenn die missbrauchten neuronalen Belohnungssysteme endgültig ihren Dienst quittieren, also positive Rückkoppelungen als Verstärker der Aggression nicht mehr funktionieren, kommt es zum Zusammenbruch, der letztlich unweigerlich in die Depression führt.

Wenn wir Aggression und Gewalt nicht in Beziehung zur Beziehung wahrnehmen, laufen wir Gefahr, sie abwertend negativ zu begreifen und damit implizit aggressions- und gewaltfördernde Bedingungen zu schaffen.

In einer Gesellschaft, die immer weniger Zeit für ihre Kinder findet, in der berufliche und private Diffusionen, Individualisierung und Entwurzelung voranschreiten, positive Beziehungen und Bindungen hintangestellt werden, drohen wir unsere Kinder- und Jugendgeneration an Aggression und Gewalt zu verlieren. Die Elterngeneration unserer Gesellschaft läuft Gefahr, immer mehr gegen ein Grundbedürfnis unserer Kinder und Jugendlichen zu verstoßen: die eminent wichtige (familiäre) Befriedigung des Bedürfnisses nach Beziehung, Bindung, Sicherheit, Halt und Anerkennung. Erfolgt dies gerade in der Pubertät nicht, verspielen wir als Eltern auch noch die letzte Chance, in einer hochsensiblen Phase auf den neurobiologischen Fingerabdruck aus frühester Kindheit einwirken zu können. Man riskiert später fortgesetzte, überdauernde aggressive Muster, die auf der Suche nach fehlender/verlorengegangener Bindung reaktiv auftreten. Fortgesetzte, überdauernde Aggression stellt hierbei aber einen massiven emotionalen und neurobiologischen Stressor dar und führt, wie bereits ausgeführt, in weiterer Folge zu Zusammenbruch und Depression.

Es ist ein Reflex der Natur, den emotionalen und neurobiologischen Stressor Aggression ab einer gewissen Intensität zu vermeiden. Das zeigen Streitschlichtungsrituale von Säugetieren – ein weiterer Beweis für die tiefe neurobiologische Verwurzelung des Kooperationsmotivs. Der angloamerikanische Anthropologe Gregory Bateson hat derartige Rituale bei Naturvölkern beschrieben.

Das soll uns den Weg weisen. Aggression ist nicht unsere Bestimmung oder unser Schicksal. Unsere Bestimmung ist es, tragfähige, positive Beziehungen zu schaffen.

Wenn wir den Zusammenhang zwischen Aggression und Beziehung ernst nehmen, wird klar: Es liegt im Interesse jedes Einzelnen, einzugreifen, um massive Formen fortgesetzter Aggression und Gewalt zu verhindern.

Bevor wir nun zu einem psychologisch-systemischen Modell der Aggressionsentstehung bei Kindern und Jugendlichen kommen und daraus Rückschlüsse auf mögliche Wege des Umgangs damit ziehen, wollen wir uns noch etwas näher damit beschäftigen, wie leicht jeder von uns aggressiv und »böse« werden kann.

ZU BESUCH BEI LUZIFER ODER WARUM JEDER »BÖSE« WERDEN KANN

Im vorangegangenen Kapitel haben wir die Aggression als nützliche und notwendige Verhaltensweise des Menschen im Dienste der Befriedigung des psychologischen und biologisch fundierten Grundbedürfnisses nach Bindung und Beziehung definiert. Wir haben auch gesehen, dass Aggressionen und aggressives Verhalten sowie deren individuelle Ausprägungsformen offensichtlich eine zugrunde liegende Lerngeschichte beinhalten. Es wurde angesprochen, dass Aggression entarten kann. Wie passiert das nun? Wie kommt es dazu? Darauf soll nun genauer eingegangen werden.

Zur Beantwortung dieser Frage sei zunächst das berühmte und zugleich heftig umstrittene »Stanford Prison Experiment« kurz dargestellt. Der damals junge Philip Zimbardo, der heute zu den bekanntesten Psychologen weltweit zählt, teilte bei dem Experiment junge Studenten ohne psychische Auffälligkeiten nach dem

Zufallsprinzip als Aufseher oder Gefangene ein. Die Aufseher hatten die Pflicht, die Gefangenen, die Anstaltskleidung und Ketten trugen und denen zum Teil die Augen verbunden wurden, zu beaufsichtigen. Dies und nicht mehr wurde ihnen von der Versuchsleitung mitgeteilt.

Nach sechs Tagen musste das Experiment abgebrochen werden, weil die Aufseher begonnen hatten, die Gefangenen systematisch zu erniedrigen und zu quälen.

Wie konnte es bei diesen wohlerzogenen und unbescholtenen jungen Studenten zu solchen Ausbrüchen des »Bösen«, von Aggression und Gewalt kommen?

Dieselbe Frage stellte sich für Philip Zimbardo im Zusammenhang mit den öffentlich gewordenen Szenen der Vorfälle im irakischen Horrorgefängnis Abu Ghraib. Auch dort quälten junge amerikanische Soldaten und Soldatinnen die Gefangenen auf sadistische und abartige Weise.

Biografien der Haupttäter zeichneten ein Bild von jungen Menschen, die in ihrer Heimatgemeinde hohes Ansehen besitzen und von ihren Familien geliebt werden. Sie sind zum Teil verheiratet, haben Kinder und sind als liebevolle Eltern bekannt. Keine Spur also von Gewalt, von entarteten, Mensch gewordenen Bestien oder von Psychopathie. Erschreckend ist auch, wie sehr die von Philip Zimbardo bei einem 2009 in Philadelphia gehaltenen Vortrag präsentierten Fotos des »Stanford Prison Experiments« von Gewalt- und Folterszenen den von jungen Soldaten und Soldatinnen gemachten Fotos der Gewalt- und Folterszenen in Abu Ghraib ähnelten.

Wie konnte es zu diesen Gewaltausbrüchen kommen? Philip Zimbardo beantwortet die Frage mit dem von ihm so bezeichneten »Luzifer-Effekt«. Luzifer war der Lieblingsengel Gottes. Er fiel in Ungnade, weil er mächtiger sein wollte als sein Herr. So wurde er zum gefallenen Engel, der nun in seinem Reich des Bösen herrscht.

Der »Luzifer-Effekt« zeigt, dass der Mensch von sich aus weder gut noch böse ist. Er pendelt zwischen diesen beiden Polen hin und her, kann auch beides sein, wie Luzifer, der Engel und Teufel zugleich ist. Es kommt eben auf die Umstände an.

Zimbardo führt vier wesentliche Bedingungen an, die »gute« Menschen »böse« werden lassen können:

1. *Fehlende positive Autoritäten*
   Weder die Studenten in Stanford noch die jungen amerikanischen Soldaten in Abu Ghraib hatten jemanden, vor dem sie im positiven Sinne Respekt haben konnten. Sie waren sich selbst überlassen.

2. *Die Zerstreuung der Verantwortung*
   In beiden geschilderten Geschichten gab es niemanden, der für die Taten wirklich verantwortlich war. Keiner der Vorgesetzten der amerikanischen Soldaten hatte je so etwas angeordnet. Schon gar nicht »The Big Rumsfeld«, der damalige Verteidigungsminister. Die wirkliche Verantwortung bleibt immer diffus und scheint im Nichts zu verschwinden.

3. *Die Anonymisierung der Täter*
   Der Einzelne tritt hinter die Gruppe zurück. So wird er nicht an seine eigene individuelle Verantwortung und Moral erinnert. An die Stelle des Einzelbewusstseins tritt ein kollektives Bewusstsein der Gruppe, sodass man die eigene Verantwortung nicht mehr hinterfragen muss.

4. *Die Entmenschlichung des Opfers*
   Die Gefangenen im »Stanford Prison Experiment« waren und wurden wie die Gefangenen in Abu Ghraib zu einem Gegenüber ohne Gesicht, ohne Gefühle usw. Degradiert zu minderwertigen Subjekten. Sie waren Wärtern und Soldaten ohne Rückhalt und ohne Bindung überlassen. So entstehen Pogrome, aber auch das sogenannte »Zecken-Dreschen«.

Dem kanadischen Psychologen Albert Bandura haben wir wichtige Erkenntnisse darüber zu verdanken, wie der Mensch am besten lernt, nämlich am Modell. Gewalterfahrungen, die man durch andere macht, miterlebt oder selbst erlebt, werden nachgeahmt. Albert Bandura war es auch, der es beim Weltkongress für Psychotherapie 2009 auf den Punkt brachte, unter welchen Bedingungen Menschen – auch Kinder und Jugendliche – unmoralische, gewalttätige Handlungen begehen können. Dabei führt er an:

1. *Die Rechtfertigung der Gewalt durch irgendwelche Autoritäten, sogenannte Führer, oder auch durch höhere Gewalt und Ideale* Kirchenfürsten im Mittelalter rechtfertigten in Hirtenbriefen die brutale Gewalt der heiligen Inquisition ebenso wie Osama bin Laden und Al Kaida heute den Terror unter ihren Nachwuchsjüngern. Ist die Gewalt erst einmal sozusagen moralisch »gerechtfertigt«, führt der Einzelne sie leichter aus. Das Gleiche gilt für rechtsextreme oder linksextreme Gruppen, aber auch für die gewaltverherrlichenden Ideologien in Videospielen. Das erleichtert es in unserer heutigen Konsumgesellschaft, mit der Gewalt ein Geschäft zumachen.

2. *Die Bagatellisierung der Konsequenzen* Die Folgen der dem Opfer angetanen Gewalt »verschwinden«. Die Konsequenzen der Handlungen der Täter sind Bagatellen im Gegensatz zum übergeordneten Befehl, hinter dem sich die Schuld versteckt. Unter dem heiligen Banner einer edlen Kirche gegen die Ketzer. Unter dem heiligen Banner der Clubehre gegen die Fans der anderen Fußballmannschaft. Hier ist Gewalt erlaubt, hat keine Konsequenzen. So wie die Ohrfeige des Familienvaters oder der Fußtritt gegen den Hund noch immer Bagatellen zu sein scheinen. Diese beiden Faktoren führen nach Bandura zu der bei Zimbardo angeführten Zerstreuung der Verantwortung. Jeder ist eben nur ein kleines Rädchen, das sich im Ganzen mitdreht.

Keiner will der Motor für die Gewalt sein. Jeder steht für sein Mittun, keiner aber für die wirkliche Verantwortung. Die Verantwortlichen bleiben hinter einem Vorhang verborgen.

3. *Die Notwendigkeit, die potenziellen Opfer zu entmenschlichen* Die Juden durch das Nazi-Regime, die Albaner durch die Serben und umgekehrt, die Monsterkreaturen von »World of Warcraft« durch den heldenhaften Computerspieler, die herzlosen Schurken bei »Counter-Strike« durch den einsamen Rächer vor dem Bildschirm. Es findet sich immer das gleiche Muster.

Joachim Bauer fasste es bei einem Vortrag in Heidelberg treffend zusammen: Wenn gewollt wird, dass einer auf den anderen bzw. eine Gruppe auf die andere losgeht, dann entmenschliche das Gegenüber, die andere Gruppe und ihre Werte, und stelle sie als etwas dar, dass das Ganze der eigenen Gruppe gefährdet. Und wieder findet sich ganz schnell Aggression in Beziehung zur Beziehung. Sanktionierte, pervertierte Aggression im Dienste der Sicherung der eigenen Identität und jener der Gruppe, der man sich zugehörig fühlt, findet so ihre Rechtfertigung.

Albert Bandura und Philip Zimbardo weisen ein erschreckendes Faktum nach: Die besten Menschen können so zu mörderischen Bestien werden. Und dies mit den besten Absichten.

Philip Zimbardo hat aber auch ein Gegengift: das Heldentum. Helden und Heldentum gegen das »Böse« haben, zumindest unter Amerikanern, eine faszinierend positive Wirkung. Das sind die Muster für Batman, Superman, Spiderman usw.

Nach Philip Zimbardo sollten die Helden allerdings anders heißen. Seiner Meinung nach braucht es die Helden des Alltags, Menschen, die den Mut haben, für andere da zu sein, sich für andere einzusetzen, sich im positiven Sinne zu engagieren – »Neue Helden«.

Wie lustvoll ist Gewalt?

Eine Frage stellt sich: Waren die von Zimbardo beschriebenen Gewalttaten für die Täter nicht auch lustvoll? Folgt Aggression und Quälen einer inneren Lust? Unsere Antwort darauf lautet: Nein. Natürlich kann der Mensch mit seinen aggressiven Verhaltensdispositionen viel machen, aber nicht das Töten und Vernichten, sondern Kooperation entspricht der menschlichen Natur.

Lassen Sie uns dazu gemeinsam das Milgram Experiment ansehen. Bei diesem Experiment mussten nichts ahnende Versuchspersonen – fiktive Lehrer – ihren fiktiven Schüler, die ihre Aufgaben nicht richtig gelernt hatten, Elektroschocks verabreichen. Diese Elektroschocks wurden vermeintlich immer stärker, je häufiger die Probanden eine Frage nicht beantworten konnten. Die überwiegende Mehrheit verabreichte diese immer stärker werdenden Elektroschocks tatsächlich, auch in dem Wissen, dass die fiktiven Schüler gesundheitlichen Schaden daran nehmen konnten. Nicht wenige bis zur tödlichen Stromdosis.

Die Auswertung des Experiments ergab, dass die Versuchspersonen, die die Stromstöße verabreichten, unter massivem Stress standen. Keiner hatte wirklich Lust darauf oder empfand es gar als lustvoll, die Stromstöße zu verabreichen. Jeder tat es unter dem Eindruck der Autorität des Versuchsleiters, unter dem Eindruck einer Instanz, die Sicherheit vermittelte.

Wir können es auch so deuten: Nicht-Mitmachen wäre ein das eigene Selbst massiv bedrohender Beziehungsabbruch gewesen. Auch in ihrer pervertierten Form lassen sich Aggression und Gewalt immer wieder auf die Verbindung zur Beziehung zurückführen oder werden nur so verständlich.

Zur Folter sei angemerkt: Auf die Folterknechte verschiedenster Gewaltregime trifft bei näherem Hinschauen genau das zu, was Bandura und Zimbardo beschrieben haben: Rechtfertigung, Bagatellisierung, Entmenschlichung. Auch beim perversen Mörder, der seine Opfer angeblich lustvoll zerstückelt, nachdem er sie vorher gequält hat, ist der Motor, der Antrieb dazu wohl nicht ein innerer Lusttrieb, sondern vielmehr die Spannung, der Stress, unter dem ein solcher Täter, wie vielfach berichtet, steht.

Die Handlung schafft vorübergehende Erleichterung. Die Spannungsreduktion bringt ein lustähnliches Glücksgefühl, vermittelt vermutlich durch den Botenstoff Dopamin. Das will man suchtartig immer wieder reproduzieren. Ähnliches dürfte auch beim Gewaltrausch vorliegen, in den sich auch eine Gruppe hineinsteigern kann. Wieder schafft das Vollbringen der Tat vorübergehende Erleichterung. Wenn neuropsychologisch wenige Hemmmechanismen vorliegen, geht dies leichter. Was aber immer bleibt, ist der massive Dauerstress im Zusammenhang mit dem Vollbringen solcher Gewalttaten. Bis jetzt hat noch keine der vielfach beschriebenen Psychopathologien von Lustmördern und abnormen Gewalttätern endgültig klärend ergeben, dass diese frei von Konflikten, einfach aus ihrer Lust heraus gehandelt hätten.

Noch eines zu Gewalt und Stress. Vergleichen sie einmal selbst ihr Gefühl, nachdem sie ihrem Kind eine Ohrfeige gegeben haben, mit dem Gefühl nach einer Umarmung, nach einer Liebkosung, nach einem Kompliment oder nach einer Aufmerksamkeit gegenüber ihrem Kind. Und gerade diese positive Zugewandtheit ist unsere Herausforderung, auch im Umgang mit gewalttätigen Jugendlichen. Wenn wir ihnen nichts anderes geben als Tadel, steigt ihre Angst, ausgeschlossen zu sein, ihre Angst vor einem Beziehungsabbruch und dem Verlust der Bindung. Gewalt wird dann ihre Antwort sein.

AGGRESSION BEI JUGENDLICHEN – EINE KRITISCHE WÜRDIGUNG PSYCHOLOGISCHER ANSÄTZE

Wie unsere Auslegung neurobiologischer und neurophysiologischer Befunde zeigt, ist Aggression anscheinend immer der Beziehung verbunden. Des Weiteren haben wir Befunde gesichert, die aufzeigen, welche sozialen Faktoren ausschlaggebend dafür sind, Aggression auch in ihrer sozial nicht akzeptierten Form entstehen zu lassen. Wir haben neuropsychologische Faktoren kennengelernt, die Aggression möglicherweise begünstigen, wie minimale Läsionen des Gehirns, Störungen von Hirnfunktionen, Befunde zu Neurotransmittern usw. Alles legt nahe, das Phänomen der Aggression auch bei Jugendlichen ist am besten in ihrer Beziehung zur Beziehung zu verstehen.

Bevor wir uns an die Darstellung eines integrativen Modells von Aggressionsentstehung und den Umgang damit aus systemischer Sicht wagen, seien noch einige psychologische Theorieansätze dargestellt, dies vor allem deswegen, weil sie nach wie vor allgemein populäre Wirkung haben.

Aggression als Trieb des Menschen

Die Aggression als ein dem Mensch innewohnender Trieb – dieser Gedanke geht auf Sigmund Freud zurück, der neben einem lebenserhaltenden Sexualtrieb einen Todestrieb annahm, der im Sinne des Lustgewinns gleich wirksam sein solle. Dem Menschen wohne also der Drang zum Töten inne. Freud selbst hat wiederholt darauf hingewiesen, dass er gerne über Möglichkeiten verfügen würde, ins Gehirn hineinzuschauen, um verifizieren zu können, was dort wirklich in seinen Abläufen passiere. Über diese Möglichkeiten verfügen wir heute, zumindest teilweise. Todestrieb wird dabei keiner sichtbar.

Heute räumen auch renommierte Psychoanalytiker wie Alexander Mitscherlich ein, dass dem Konstrukt eines Todestriebs jegliche empirische Grundlage fehle. Die Konstruktion triebhafter Aggression als Lust an der Gewalt hingegen hält sich bis heute. Von Freud formuliert wurde sie unter dem Eindruck des Ersten Weltkriegs und des damals herrschenden Zeitgeists, geprägt von der darwinistischen Theorie des Konkurrenzkampfes der Rassen untereinander.

Freud erkennt, dass Aggression durchaus biologische Grundlagen hat, übersieht dabei aber gänzlich, welchem Zweck diese Aggression sozial eigentlich dient, nämlich der Erhaltung des Kontaktes mit dem anderen und nicht dessen Zerstörung. Zu verdanken haben wir Freud allerdings die erste intensive psychologische Auseinandersetzung mit destruktiver Aggressivität.

Frustration als Aggressionsursache

Ein weiteres sehr bekanntes psychologisches Erklärungsmodell für Aggression, gerade auch bei Jugendlichen, ist die von Dollard und Miller in den 1930er-Jahren aufgestellte Frustrations-Aggressions-Hypothese. Frustration, d. h. wenn jemandem etwas versagt wird, löst dieser Hypothese zufolge eine aggressive Reaktion aus. Das scheint vordergründig einleuchtend, ist bei näherem Hinsehen in dieser allgemein gehaltenen Formulierung aber unhaltbar. So ist es beispielsweise völlig unterschiedlich, wer was als Frustration erlebt.

Weiters gilt als erwiesen, dass nicht jede Art von Frustration eine Aggression hervorruft. Dollards und Millers Überlegungen aber weisen in eine für uns zu berücksichtigende Richtung: Die Versagung grundlegender emotionaler Bedürfnisse, deren Frustration, kann zu konflikthaftem Erleben und aggressiven Reaktionsmustern führen. Für den Anspruch der Allgemeingültigkeit greift die Frustrations-Aggressions-Hypothese für sich allein gesehen allerdings sicher zu kurz.

Aggression ist Charaktersache

Die dritte weit verbreitete populärpsychologische Annahme ist, dass Aggression Charaktersache sei. Unterstützt auch durch die Psychoanalyse hält sich hartnäckig die Auffassung, ungünstige Charaktereigenschaften würden sich schon früh ausprägen bzw. seien vorgegeben. Der Weg vom störrischen Kind zum gewalttätigen Kriminellen sei unaufhaltbar. Die enge Verknüpfung der Charakterforschung mit nazistischen Theorien ließ diese auch nach Ende des Zweiten Weltkrieges bis in die 1990er-Jahre von der Bildfläche verschwinden.

Heute gibt es neue Befunde, die zunächst einmal zwischen Temperament und Charakter unterscheiden. Menschen besitzen unterschiedliche Temperamente, sie sind aktiver, gehemmter, langsamer, schneller als andere. Auf Basis dieser sozusagen biologisch in die Wiege gelegten Substrate entwickeln sich im sozialen Umgang mit anderen Persönlichkeitseigenschaften. Dabei mögen manche der sich im Rahmen der Entwicklung ausbildenden Charaktereigenschaften unter bestimmten Bedingungen durchaus für das Auftreten von Aggression förderlich sein.

Die neue Charakterforschung hat aber auch einen viel wichtigeren neuen Zugang eröffnet: Zu entdecken gibt es auch Charakterstärken des Menschen, nicht nur seine Schwächen. Tatsache ist, dass diese Stärken trainierbar sind. Und das erscheint auch für den

Umgang mit der Gewalt um vieles hilfreicher als Panikmache mit dem (angeborenen) aggressiven Charakter bestimmter Menschen.

Aggression als gelerntes Verhalten

Interessanterweise weniger populär sind Ansätze, die nachweisen können, dass Aggression auch ein erlerntes Verhalten ist. Aggression lässt sich auf zwei Arten lernen:

- *durch Nachahmung bzw. Imitation*:
  Am besten wird Aggression am lebenden Modell gelernt, also am Beispiel gewalttätiger Eltern, des aggressiven Vaters, des überstrengen, ungerechten Lehrers usw.

- *durch Verstärkung*:
  Aggressives Verhalten wird durch den Erfolg, zu dem es führt, verstärkt und aufgrund dieser erwarteten Verstärkung weiter eingesetzt. Dabei ist auch der Weg einer negativen Verstärkung denkbar. Aggression zieht zwar viele negative Konsequenzen nach sich, der »Benefit« ist aber allzu oft übermäßige Beachtung nach aggressiven Akten, also wieder Aufmerksamkeit und Anerkennung.

Lerntheoretische Ansätze spielen beim Verständnis von Aggression eine wichtige Rolle. Ihre alleinige Anwendung kann jedoch auch zu einer Reihe von Fehlschlüssen führen, z. B. dem Trugschluss, Aggression entstehe vor allem durch das Verhalten »fehlgeleiteter« Eltern. Schuldzuweisungen dieser Art sind beliebt, wie man den oft formulierten Meinungen in der Schule oder in den Medien entnehmen kann. Sie gehen aber am Kern der Sache vorbei.

Außerdem führen rein lerntheoretische Betrachtungen schnell zu unverrückbar scheinenden Ursache-Wirkungs-Mythen wie z. B. »Fernsehen macht gewalttätig«, »Computerspiele machen süchtig und brutal«. Das sind Erklärungsmodelle, die leider öfter auch im gehobenen psychopädagogischen Bereich auftauchen.

Auffallend bei vielen psychologischen Theorien ist auch, dass die Bedeutungseinbettung des Wortes »Aggression« scheinbar nicht hinterfragt wird. Aggression wird schnell als »schlecht«, »pathologisch« und »krankhaft« etikettiert und gehört daher ausgelöscht. So wird es nicht gehen.

Welche Schlüsse können wir nun daraus ziehen? Wir brauchen ganz offensichtlich ein Modell, das der neurobiologischen Grundlegung von Aggression, vor allem aber auch dem Sachverhalt gerecht wird, dass Aggression sich erst im sozialen Kontext manifestiert. Ohne das menschliche Gegenüber und die Umgebung wäre Aggression für gar nichts. Ein solches Modell soll nun entwickelt werden.

AGGRESSION ALS UNVOLLKOMMENER LÖSUNGSVERSUCH VON KINDERN UND JUGENDLICHEN – EIN MODELL ZUM UMGANG MIT AGGRESSION

Das Modell soll die verschiedenen Faktoren und Bedingungen für das Entstehen von Gewalt oder Aggression, die wir bisher gefunden haben, zusammenführen und mit einem dynamischen Aspekt versehen. Aggression und Jugendgewalt werden so zum Prozess und bleiben nicht als ein schier unüberwindlich dastehendes Faktum stehen. So befähigt das Modell zum Handeln.

Grundannahmen

1. Für das menschliche Handeln sind Grundbedürfnisse von entscheidender Bedeutung. Soziale Bindung, Rückhalt, Anerkennung, Eingebunden-Sein in die Gruppe sind emotionale Grundbedürfnisse, deren Erfüllung angestrebt wird.
2. Aus der Nicht-Erfüllung emotionaler Bedürfnisse ergeben sich Widersprüche und Konflikte, die immer Motor des Handelns sind.

Die Annahme des Widerspruches als Triebkraft, des Konfliktes als Motor des Handelns wurde von uns nicht willkürlich getroffen, sondern spiegelt eine Tatsache menschlichen Seins wider.

Unser Stoffwechsel beispielsweise funktioniert so. Er ist immer bestrebt, Dysbalancen, Konflikte auszugleichen und ein dynamisches Fließgleichgewicht herzustellen.

In Philosophie und Pädagogik weisen die Begriffe Dialogik und Dialektik darauf hin, dass Widersprüchlichkeit auf der Suche nach harmonischer Ausgewogenheit Handeln nach sich zieht.

Unangemessene Lösungsversuche

Werden wir nun aber etwas systemisch-psychologischer. Menschliches Verhalten wird also offensichtlich eingesetzt, um einen Konflikt zu lösen. Sehen wir uns diesen Prozess näher an. Stellen Sie sich folgenden Sachverhalt vor:

Sie kommen als Frau am Abend hungrig von der Arbeit nach Hause. Sie haben ihren Mann gebeten, rasch noch etwas einzukaufen, bevor er zu seinem abendlichen Sport geht. Nun kommen Sie nach Hause und finden im Kühlschrank nichts vor. Es ist leicht sich auszumalen, dass dies eine konflikthafte Situation für Sie schafft. Vielleicht nicht nur wegen Ihres Hungers, vielleicht auch wegen der Kränkung, die Sie dadurch durch Ihren Mann erfahren. Und Sie kommen ins Handeln, um diesen Konflikt zu lösen. Was können Sie tun?

Sie könnten ihren Mann anrufen, ihm Ihre Meinung sagen und sich dann auf seine Kosten ein Abendessen bei dem netten, sündteuren Italiener um die Ecke gönnen.

Oder Sie könnten in die Garage gehen und einen Kratzer in das Motorrad, das neue Lieblingsspielzeug Ihres Mannes, machen. Dies hätte möglicherweise zur Folge, dass sich Ihr emotionaler Unmut und Konflikt zumindest kurzzeitig legt. Ihr wirkliches Bedürfnis bleibt allerdings unbefriedigt. Ihr aggressiver Akt bringt nicht den gewünschten Effekt, aber er war als Lösungsversuch Ihres auch emotionalen Konfliktes sicher gut gemeint. Es handelt sich aber um einen unvollkommenen Lösungsversuch, der nicht das gewünschte Ergebnis bringt.

Ähnlich ist es unserer Meinung nach bei vielen aggressiven Verhaltensweisen. Sie werden eingesetzt, um das grundlegende Bedürfnis nach Beachtung, Wertschätzung, Anerkennung, Beziehung und Bedeutung zu befriedigen. Aber sie führen nicht zum Ziel.

Warum? Weil sie von der Umgebung als inadäquat, nicht angemessen bewertet werden. Vielleicht nicht beim ersten Mal, sicher aber bei mehrmaligen Auftritten nach einem ähnlichen Verhaltensmuster.

Wenn Franzi in seiner Klasse einmal einen Wutanfall bekommt, bedeutet das noch nichts. Wenn er aber mehrmals wütend wird, zu schreien und toben beginnt, führt dies unweigerlich zu einer Etikettierung seines Verhaltens als aggressiv.

Dabei werden immer soziokulturelle Maßstäbe herangezogen. Wir können im Wesentlichen drei unterscheiden:

1. *Das Verhalten entspricht nicht den kommunikativen Erwartungen.*

   Ein Zweijähriger darf vielleicht schreien und toben, ein Zehnjähriger aber muss schon über andere Möglichkeiten verfügen, sich mitzuteilen.

2. *Das Verhalten entspricht nicht den Leistungsnormen bzw. -erwartungen.*

   Wir haben genaue Vorstellungen, wer was wann können muss. Ein Zehnjähriger z. B. muss neben einer entsprechenden Entwicklung im Leistungsbereich auch ein bestimmtes Sozialverhalten erworben haben. Schreien und Toben werden in diesem Alter bereits klassisch mit Nicht Genügend beurteilt.

3. *Das Verhalten entspricht nicht unserer Norm des Guten und Schönen.*

   Wir haben eindeutige Vorstellungen davon, was in unsere Ästhetik passt oder nicht. Ein schreiendes, tobendes Kind, das sich am Klassenzimmerboden windet, schaut nicht »schön« aus.

Für die Etikettierung eines Verhaltens als aggressiv können auch Gruppennormen eine Rolle spielen, z. B. das Klassenklima, ob die Klasse laut oder leise ist usw.

Der Prozess der »Self-Fulfilling Prophecy«

Anhand dieser Kriterien beurteilen wir dann ein Verhalten – treten, schlagen, spucken, schimpfen oder was auch immer – als angemessen oder unangemessen und handeln danach.

Die Bewertung als unangemessen ist dem Schweizer Psychologieprofessor Heese zufolge an sich noch nicht dramatisch. Durch die Etikettierung als unangebracht kommt jedoch ein Prozess in Gang, den der amerikanische Soziologe Robert Merton als die »Self-Fulfilling-Prophecy« bezeichnet hat.

Was ist damit gemeint? Wir verhalten uns dem als aggressiv Eingestuften gegenüber so, dass er gar nicht anders kann, als sich aggressiv zu verhalten. Lassen Sie uns das etwas näher ausführen. Nehmen wir an, Sie sind in einem Hotel auf Urlaub. Sie treffen dort auf eine Familie, deren Kinder lärmen und schreien und vor nichts haltzumachen scheinen. Die Eltern kümmern sich offensichtlich nicht um ihre Kinder und finden es nicht einmal der Mühe wert, zu grüßen.

Sie können gar nicht so schnell schauen, wie Sie eine innere (Ab)Wertung vorgenommen haben. Bei der nächstbesten sich bietenden Gelegenheit, wenn beispielsweise eines der Kinder Sie beim Herumlaufen so anrempelt, dass Ihnen die Frühstückssemmel hinunterfällt, brüllen Sie los: »Du ungezogener Bengel, dir werde ich es zeigen« usw. Und was wird der Bengel Ihrer Meinung nach tun? In einem Akt der Aggression zeigt er ihnen möglicherweise die Zunge oder gibt verbal Schlimmeres von sich, um dann zu seinem Vater zu laufen. Dieser wiederum kann nichts anderes tun, als – wie von Ihnen erwartet – das Kind gegen Ihren Angriff in Schutz zu nehmen; möglicherweise wird auch er Ihnen gegenüber ausfällig.

So funktioniert die »Sich selbst erfüllende Prophezeiung«. Und offensichtlich lässt sie Teufelskreise der Aggression entstehen, aus denen nur noch schwer auszusteigen ist.

Das existenzielle Dilemma des Kindes

Sehen wir uns als Nächstes die Situation eines »aggressiven« Kindes an. Etwa die des sechsjährigen Franzi, der wie immer um eine halbe Stunde zu spät in den Kindergarten kommt.

Leider ist die Bauecke schon besetzt. Mit lauter Mädchen. Franz hat ein Problem. Er will in die Bauecke und steht vor einem echten Konflikt. Er will in die Bauecke, weil sie ihm alles bedeutet, weil sie für ihn bedeutet, dass er dort von der Kindergärtnerin wahrgenommen und ernst genommen wird, und auch, weil er das Zeichnen hasst, das übrig bleibt. Also sinnt Franzi auf Lösungsmöglichkeiten.

Ihm fällt ein, was Papa am Sonntagnachmittag nach dem Fußballspiel immer erzählt. Am einfachsten hat er die gegnerischen Stürmer mit einem Ellbogencheck gestoppt, den der Schiedsrichter nicht gesehen hat. Heldenhaft hat der Papa die gegnerischen Stürmer mit aggressivem Pressing so aus seinem Strafraum verjagt.

Franzi verehrt seinen Vater und hat eine enge Beziehung zu ihm. Modelllernen erster Güte kann hier stattfinden. Und dann durfte Franzi bei der Oma auch noch Rambo, Terminator und Co im Fernsehen anschauen. Dies ist zwar Modelllernen zweiter Güte, aber auch nicht ganz unwirksam.

So kommt er zu dem Schluss, dass Zuschlagen die Lösung all seiner Probleme hinsichtlich der Bauecke ist. Der Terminator kommt dabei zumindest gut durch. Also bedient Franzi sich an diesem besagten Morgen der Technik des »Magenstrudels« (Anm.: ein steirischer Ausdruck für den Schlag auf das Zwerchfell) und boxt Anika, die friedlich in der Bauecke sitzt, auf das Zwerchfell. Während sich Anika auf dem Boden windet und schreit, sitzt Franzi in der Bauecke. Aber nicht für lange, denn die Kindergartenpädagogin hat alles gesehen und Franzi wird wieder aus der Bauecke entfernt und in die Garderobe gesetzt. Nachdem die Kindergärtnerin ordentlich mit dem Buben geschimpft hat, teilt sie ihm auch noch mit, dass er beim nächsten Ausflug in die Märchengrottenbahn nicht mitfahren darf. Aggressive Kinder hätten bei so einem Ausflug nichts verloren. Jetzt scheint das Dilemma perfekt. Was Franzi als bestes Mittel zur Lösung seines Problems erschien, wird nun strengstens sanktioniert.

Walter Bärsch, der große deutsche Pädagoge, bezeichnet dies

als das existenzielle Dilemma der Verhaltensauffälligen, in unserem Fall des aggressiven Kindes oder Jugendlichen.

Aggressive Kinder und Jugendliche verfügen in der Regel nur über die eine Verhaltensweise der Aggression, um ihrem sozialen Bedürfnis nach Bindung und Anerkennung Ausdruck zu verleihen. Sie verfügen in der Regel also über ein eingeschränktes Handlungsrepertoire, d. h. alternative Lösungswege sind bei ihnen von vornherein eng begrenzt bis nicht vorhanden. Sie haben nichts anderes gelernt, als zuzuschlagen, oder bis jetzt noch nicht die Möglichkeit gehabt, etwas anderes zu erleben. So wird Aggression zum inadäquaten Lösungsversuch und damit zum Dilemma der Kinder und Jugendlichen. Was das Kind, der Jugendliche vermeintlich am besten kann, wird nicht anerkannt. Dies macht noch mehr Angst, und durch den Mangel an anderen Strategien, die nicht nicht gesehen werden wollen, sondern vielmehr nicht präsent sind, entsteht noch mehr Aggression. Das aggressive Verhalten verfestigt sich.

Erste Zusammenfassung und Lösung

1. (Sozial nicht akzeptierte) Aggression ist ein unvollkommener, unkompletter Lösungsversuch zur Befriedigung tief greifender, sozial-emotionaler Bedürfnisse, in der Regel nach Anerkennung. Für das Kind, den Jugendlichen macht das Verhalten also Sinn.
2. Was sozial anerkannt ist oder nicht, entscheidet sich in einem Bewertungs- und Zuschreibungsprozess der Umgebung.
3. Beim Phänomen der »Self-Fulfilling Prophecy« entsteht ein sich aufschaukelnder Teufelskreis, der letztlich zu einer Eskalation der Aggression führt.
4. Für das Kind, den Jugendlichen beschreibt sich in der Folge immer ein »existenzielles Dilemma.«

5. Dieser Auffassung zufolge manifestiert sich Aggression also erst in der sozialen Interaktion. Anders ausgedrückt: Zum Aggressiv-Werden gehören immer zwei: einer, der die Handlung setzt, und ein Zweiter (Zuschreiber), der sie als abweichend bezeichnet bzw. darauf reagiert.

6. Das aggressive Verhalten des Kindes oder Jugendlichen macht auch für sein Umfeld Sinn. Der wütende, tobende Franzi in der Klasse ist ein dankbarer Grund für die Lehrerin, warum andere Kinder in ihrem Unterricht nichts lernen können. Wie soll bei dem andauernd störenden Verhalten ein guter Unterricht denn auch möglich sein?

7. Der wirkungsvolle Umgang mit jugendlicher Gewalt (angemessene Lösung) heißt für uns Erwachsene (Zuschreiber) zunächst einmal: Aussteigen aus dem Teufelskreis.

8. Dies wird am besten dadurch gelingen, dass wir die Kinder oder Jugendlichen, mit denen wir zu tun haben, akzeptieren, indem wir versuchen ihnen Angebote in Richtung Befriedigung ihrer Grundbedürfnisse zu machen statt abwertend mit ihnen zu schimpfen, sie zu tadeln, zu bestrafen usw.

9. Das bedeutet nicht, dass wir sie nicht auf die Konsequenzen ihres Handelns aufmerksam machen sollen, dass wir nicht-adäquate Formen der Aggression tolerieren sollen. Ganz im Gegenteil. Wenn wir dies tun, führt uns das, wie wir im nächsten Kapitel sehen werden, direkt zur Hilflosigkeit. Wirksamer Umgang mit nicht-adäquater Aggression braucht also zweierlei: (a) einen adäquaten Rahmen und (b) eine menschliche Grundhaltung, die das Wichtigste ermöglicht: Beziehung und Begegnung.

Wir laden Sie ein, dieses Modell durchzuprobieren. Unserer Meinung nach lässt es sich beim Kindergartenkind gleichermaßen anwenden wie bei einem schlagenden jugendlichen Gewalttäter, einem

Amokläufer oder bei einer rechtsextremen Gruppe o.ä. Der Vorteil liegt darin, dass es eine zugrunde liegende neurobiologische Basis mit Erkenntnissen der Lerntheorie sowie der Sozialpsychologie zu einem handlungsfähigen systemischen Prozessmodell verbindet.

Ausblick

Unser Modell soll eine Basis bieten, um eine Lösung für das Phänomen der Jugendgewalt zu finden. Es hilft zu verstehen, wie bei einem an sich »gesunden« jungen Menschen sozial unangemessene Formen der Aggression entstehen und sich zu völlig unangemessenen, schrecklichen Formen von Gewalt entwickeln können. Das Modell berücksichtigt prozesshaft, dass Unangemessenheit immer auch eine Frage des jeweiligen Standpunkts ist, d. h. beispielsweise etwas als Gewalt etikettiert wird, das woanders noch nicht als solche wahrgenommen wird. Das lässt den Prozess der Gewaltwerdung oft eskalieren. Sich so entwickelnde Aggression ist keine dem Menschen innewohnende Pathologie. Natürlich können die beschriebenen Besonderheiten menschlicher Gehirne hier förderlich für Gewalt wirken.

Natürlich gibt es Gewalttäter mit schweren hirnorganischen Schädigungen. Das ist erwiesen. Wie schon beschrieben, manifestiert sich aber auch ihre Gewalt erst im sozialen Kontext. Diese Menschen brauchen besonderen Schutz.

Das sind aber nicht die Jugendlichen, um die es in diesem Buch hauptsächlich geht. Jugendaggression, Jugendgewalt ist nicht überwiegend das Resultat in die Irre gegangener Biologie. Ebenso wie sie nicht überwiegend das ausschließliche Ergebnis widriger psychosozialer Umstände ist. Sie da oder dort festzumachen würde uns jeder Handlungsfähigkeit berauben. Sie entsteht in einem Prozess, den wir mitgestalten, in der Beziehung zur Beziehung.

KAPITEL 4

Die Ohnmacht zu Hause und in den Klassenzimmern

Im letzten Kapitel haben wir einiges darüber erfahren, wie es dazu kommen kann, dass ein Durchschnittsjugendlicher gewalttätig wird. Wir haben ein Modell entwickelt, das Aggression und Gewalt als unvollkommenen Lösungsversuch beschreibt. Damit versuchen Kinder und Jugendliche, aber natürlich auch Erwachsene, dem Konflikt, der Spannung zu entkommen, die entsteht, wenn die Befriedigung grundlegender emotionaler Bedürfnisse, vor allem jener nach sozialer Beziehung und Anerkennung, gefährdet ist. Das zieht sich immer weiter aufschaukelnde Teufelskreise der Aggression nach sich. Gewalt erfüllt sich sozusagen aus sich selbst heraus und führt Kinder ins »Existenzielle Dilemma«.

Voller Schrecken mussten wir auch zur Kenntnis nehmen und haben vielleicht auch schon selbst die Erfahrung gemacht, dass jeder von uns gewalttätig werden kann. Es müssen nur die notwendigen situativen Bedingungen vorhanden sein. Es passiert, obwohl wir das gar nicht wollen. Ist Ihnen vielleicht auch schon einmal die Hand ausgekommen? Haben Sie dann Angst gehabt, dass ihr Kind Sie nicht mehr mag? Kennen Sie die damit einhergehende Ohnmacht und Hilflosigkeit, das Gefühl, der Gewaltmaschinerie ausgeliefert zu sein? Dieser Ohnmacht wollen wir uns im folgenden Kapitel etwas eingehender widmen. Im Schlusskapitel soll es dann darum gehen, Wege aufzuzeigen, wie Sie dieser Ohnmacht entkommen und wieder zu souveräner Handlungsfähigkeit zurückfinden können, was unseren Jugendlichen schließlich helfen wird, ebenfalls den Weg aus ihrem Dilemma zu finden.

NICO, DER »TEUFEL«

Der »Haustyrann«

In der Praxis wird eine verzweifelte Kindesmutter vorstellig. Sie sucht Beratung bezüglich ihres 15-jährigen Sohnes Nico. Die Mutter lässt sich verbal über ihre verzweifelte, unlösbare Lage aus. Und darüber, wie schlimm das alles mit ihrem Sohnemann sei. Er sei ein echter Haustyrann. Er stehe in der Früh einfach nicht auf, verweigere die Schule und sei einfach nur faul. Am liebsten mache er gar nichts. Die Klasse habe er schon zweimal wiederholt. Er möge die Schule nicht und wolle auch nichts lernen. Er wisse nicht, was später einmal aus ihm werden solle. Es sei ihm aber auch egal. Nico gehe zu Hause kaum vor die Türe, habe kaum Kontakt zu Gleichaltrigen, kaum Freunde und spiele ständig am Computer diese brutalen, gewalttätigen Schießspiele. Mit einer beängstigenden Begeisterung schaue er gruselige Horrorfilme im spätabendlichen Fernsehen an.

Vom leiblichen Vater hat sich die Mutter schon lange getrennt. Dieser sei Alkoholiker und kümmere sich nicht um das Kind. Die Mutter hat nun einen neuen Lebensgefährten, mit dem Nico sich aber nicht so gut verstehe.

Eigentlich sollten Mutter und Nico gemeinsam beim Lebensgefährten und dessen jüngeren Söhnen wohnen. Nico sei aber im Haus des Lebensgefährten nicht mehr erwünscht, er mache nur Ärger und Probleme. Vor allem sei er gegenüber den Kindern des Lebensgefährten aggressiv geworden. Zwischen Nico und dem neuen Lebensgefährten sei es deswegen auch schon zu Handgreiflichkeiten gekommen, weil dieser dem Buben die Sperenzchen nicht durchgehen lassen und ihm Grenzen aufzeigen wolle. Nach Meinung der Kindesmutter ginge dies aber nicht so. Der erst

15-jährige Nico sei deswegen meist allein in der kleinen Wohnung der Mutter, die oft auch noch nachts zu ihrem neuen Lebensgefährten fährt. Auch die Oma, bei der Nico früher sehr gerne gewesen sei, möchte Nico nun nicht mehr so gerne bei sich haben, da er in seinem Verhalten so unberechenbar sei.

Außerdem müsse sie, die Mutter, die ganze Zeit arbeiten, um die immer neuen, sündteuren Wünsche ihres Kindes zu erfüllen: ein neues Computerspiel da, ein teures Outfit dort. Sie habe schon lange kein Geld mehr für sich zur Verfügung, wisse nicht mehr, wie sie das alles finanzieren solle. Nico fordere nur von ihr. Wenn er etwas nicht bekomme, und das mache ihr immer mehr Sorgen, setze es Fußtritte. Er beschimpfe die Mutter auch auf das Gröbste, demoliere die Wohnung und schrecke sogar vor dem neuen Auto nicht zurück. Er wolle ein neues Handy, eine neue Spielkonsole, erzählt die Kindesmutter.

Da sie ihm das alles versprochen hätte, müsse sie ihm nun auch alles kaufen. Eigentlich könne sie nichts anderes mehr tun, als nachgeben. Nico tyrannisiere sie mit Anrufen. Er drohe ihr und sie habe schreckliche Angst, dass etwas Schlimmes passieren könnte. Sie flüchte daher immer wieder für längere Zeit zu ihrem neuen Lebensgefährten. Dann müsse sich die Oma eben doch um Nico kümmern. Wenn sie allein mit Nico ist, habe sie in letzter Zeit nur mehr Angst, dass etwas passiere, dass er gewalttätig werden könnte. Sie traue sich, wenn sie länger weg gewesen sei, gar nicht mehr nach Hause, zu Oma und Nico, und schon gar nicht mehr, sich mit Nico allein in der gemeinsamen Wohnung aufzuhalten.

Jetzt müsse ihr endlich jemand helfen. Sie möchte das Sorgerecht für ihr Kind abgeben. Leider ließe die Behörde dies nicht zu. Sie berichtet auch, dass frühere Versuche, Nico anderorts unterzubringen, gescheitert seien. Sie wisse jetzt wirklich nicht mehr weiter.

Der »Schultyrann«

In der Hauptschule, die Nico nur noch sporadisch besucht, klagen Klassenvorstand und Direktorin ihr Leid. Nico werde immer wieder durch Gewalt gegenüber den Kleineren und Schwächeren in der Klasse auffällig. Er sei der Größte und Stärkste in seiner Klasse, da er schon zweimal sitzen geblieben sei. Es sei in letzter Zeit deswegen, vor allem aber wegen der Auffälligkeiten, zu wiederholten Schulwechseln gekommen. Die Schule musste ihn als letzte Möglichkeit im Bezirk nehmen, doch wirklich gewollt habe man das nicht. Nico besuche somit das dritte Jahr die gleiche Schulstufe, weil er aber nicht in die Schule komme und auch die Hausaufgaben verweigere, habe er auch dieses Jahr wieder bereits fünf Nicht Genügend im Halbjahreszeugnis.

Direktorin und Klassenvorstand haben die Kindesmutter schon lange nicht mehr in der Schule gesehen. Nach Meinung der Schule interessiere sie sich gar nicht wirklich für ihr Kind. Sie frage nicht nach und komme auch nicht zu Elternsprechtagen. Man kenne eigentlich nur noch ihre Stimme am Telefon, wenn sie das Fehlen ihres Sohnes in der Schule entschuldigen oder sich über den Umgang der Lehrer und Lehrerinnen mit ihrem Sohn beschweren wolle. Wenn Nico in der Schule sei, dann sei er für die kleineren Kinder in seiner Klasse eine echte Gefahr. Unzumutbar für den Unterricht. Er tyrannisiere die anderen Schüler, unterdrücke, ja, erpresse sie sogar. Er habe kein Verständnis für Richtig oder Falsch, er sei aggressiv und gewalttätig, fühle sich nie schuldig. Auch während des Unterrichtes störe er andauernd, er schwätze, ärgere die anderen, passe nie auf, mache auch nie mit.

Mit einem solchen »Problemkind« in der Klasse sei ein vernünftiger Unterricht nicht mehr möglich. Man wolle einfach wissen, was man tun könne. Am liebsten würde man das Kind suspendieren und von der Schule entfernen. Nico sei in dieser Schule einfach nicht am richtigen Platz. Er brauche eine richtige Behandlung und eine »Umgebung«, in die er passt. Man habe schon alles probiert, man sei streng zu ihm gewesen und auch nett. Man habe ihm gesagt, dass es mit diesem Verhalten für ihn in der Schule keinen Platz gäbe. Nichts scheint mehr zu wirken.

Es sei immer noch alles beim Alten, berichtet die Mutter in der Elternberatung über die Schule. Obwohl alle ihr Bestes versuchten und das Beste wollten, gehe nichts mehr. Wir, die Experten, müssten jetzt doch Rat wissen.

Nico und seine Mutter sind nur ein Beispiel von vielen, das wir in unserer psychologischen Praxis tagtäglich erleben. Aggressive und gewalttätige Kinder, die jegliche Kooperation verweigern und keine Einsicht haben, machen ohnmächtig, lassen uns hilflos erstarren.

Wie kommt es nun zu dieser Ohnmacht in unseren Kinderzimmern, unseren Wohnzimmern und in den Klassenzimmern? Haben die Eltern kein Interesse mehr an ihren Kindern? Sind die Eltern in Erziehungsfragen heute vollkommen überfordert? Kümmern sie sich nicht mehr um ihre Kinder? Kümmern sich die Lehrer nicht mehr um ihre eigentlichen Aufgaben? Woran liegt es?

Eine Antwort sei vorweggenommen: Es liegt nicht am Unwillen der Eltern, es liegt nicht am Unvermögen der Lehrer und Lehrerinnen. Grundsätzlich kann davon ausgegangen werden, dass alle Beteiligten ihr Bestes tun und versuchen. Trotzdem kommt es immer wieder zu diesen ausweglos scheinenden Situationen, die leider auch zu eskalierenden Gewalttaten wie Amokläufen führen können.

Um dem auf die Spur zu kommen, was hier schiefläuft, wollen wir die Situation von Nico, die Situation seiner Mutter und die Situation an seiner Schule analysieren.

OHNMACHTSSZENARIEN

Nicos Dilemma

In der Therapie spricht Nico eigentlich wenig. Sie geht ihm, wie der Jugendliche sich ausdrückt, »am Arsch vorbei«. Er wisse nicht, warum er das über sich ergehen lassen müsse. Dies sei wieder nur eine Schikane seiner Mutter. Erst als wir die Strategie ändern und mit Nico aus dem sterilen Therapie-Setting ausbrechen (durch kleinere Unternehmungen wie ein gemeinsames Billard-Spiel oder ein kleiner Imbiss bei einer Fast-Food-Kette), öffnet er sich langsam. Und langsam quillt aus im heraus, was ihn belastet, was ihn stört.

Die Mutter habe ohnehin nie Zeit für ihn. Sehr gekränkt habe ihn, dass er vom Haus des Lebensgefährten weggesperrt worden sei. Mit dem neuen Freund der Mutter wolle er nie mehr wieder etwas zu tun haben, denn der hätte ihm ein paar aufgelegt. Bei der Oma sei er immer ganz gern gewesen, aber das sei auch nicht mehr möglich. Die Mutter sei dafür verantwortlich, dass er dort nicht mehr hindürfe. In der Schule, so berichtet Nico, werde er wie ein Aussätziger behandelt. Bei dem kleinsten Vorfall sei immer er allein es gewesen, gäbe man ihm die Schuld, egal ob andere mitgemacht hätten oder nicht. Bei den anderen würden die Lehrer noch öfter etwas durchgehen lassen, nur bei ihm nicht. Er sei immer dran, er sei immer schuld. Im Übrigen: Was solle er denn tun, wenn die »Kleinen« lästig seien und er Geld brauche? Sie gäben es ihm ja, wenn er sie bedrohe oder ihnen manchmal eine hineintrete. Zudem könne er die Mathematiklehrerin nicht ausstehen. Die trage so unverständlich vor – und das würden auch andere sagen –, dass er im Unterricht nicht mitkomme.

Nicos Sehnsucht

Nach einigen weiteren »anderen« Therapiestunden wird Nico zugänglich. Er beginnt anzusprechen, was andere bei ihm als brutal und gewalttätig wahrnehmen. Er selbst wisse gar nicht so genau, wie das alles gekommen sei. Aber dem Lebensgefährten der Mutter, den er überhaupt nicht mehr möge, werde er, wenn er einmal stark genug sei, mit Sicherheit eine geben. Das mit dem Zertrümmern der Wohnung und dem Demolieren von Mamas Auto mache er aus reiner Wut. Außerdem sei es ohnedies schon egal. Keiner möge ihn, keiner habe ihn lieb. Er wisse auch, dass sein Verhalten nicht in Ordnung sei, und wolle das auch nicht mehr tun. Er schäme sich auch manchmal dafür. Aber es passiere halt immer wieder, wenn er so zornig sei. In der Schule habe er schon manchmal Gefallen daran, die anderen, die Kleineren, zu unterdrücken, zu tyrannisieren und zu quälen. Da habe er dann das Gefühl, jemand zu sein, und er gibt an, dass die wenigen Freunde, die er noch hat, ihn dafür bewunderten, dass er sich so etwas traut.

Es mag verwunderlich klingen, aber Nico tut sein Bestes, um Aufmerksamkeit, Beachtung, Nähe zur Mutter und Rückhalt zu bekommen. Er handelt aggressiv, gewalttätig, hält sich an keine Regeln. Das schafft unglaublich viel Aufmerksamkeit. Die Mutter kann, ob sie will oder nicht, nicht wegschauen. Auch der Lebensgefährte bleibt dabei nicht unbeteiligt. In der Schule ist Nico jemand. Außerdem hat Nico nichts Besseres gelernt, um sich durchzusetzen. Auch auf ihn ist man mit Gewalt losgegangen, wenn man etwas bei ihm erreichen wollte. Da habe er sich auch ordentlich gefürchtet.

Doch seine »Lösungsversuche« fruchten nicht so recht. Es gibt immer wieder Ärger, denn Nicos Umgebung, die Mutter, der mögliche Stiefvater, die Lehrer in der Schule sind gänzlich anderer Meinung als das Kind.

Klar ist auch für uns: Nicos Verhalten ist weder zu akzeptieren noch zu tolerieren. Aber tagaus und tagein wird Nico dafür gemaßregelt, getadelt, bedroht, kritisiert, belehrt. Alles mit dem Ziel, eine Veränderung bei ihm herbeizuführen. Nichts sonst. So wurde Nico schnell zum »Teufel« erklärt. Er ist in einem existenziellen Dilemma. Er versucht, psychologisch gesprochen, sein Bestes, um Rückhalt, Anerkennung, Bestätigung, Aufmerksamkeit zu bekommen. Doch die Mittel, die er dazu einsetzt, werden ganz und gar nicht toleriert. Was Nico am besten kann, das Einzige, was Nico überhaupt kann, um sich und seine Bedürfnisse durchzusetzen, wird am meisten getadelt und sanktioniert.

Nico, der »Teufel«, ist im Dilemma. Auch er weiß nicht mehr, wie es weitergehen soll. Aber solange sich nichts ändert, wird er weitermachen. Auch bei all dem begleitenden Stress. Denn fest steht auch, so viel an Erfüllung seiner emotionalen Bedürfnisse, seiner Beziehungssehnsucht wie durch sein aggressives, verweigerndes Verhalten, bekommt er sonst nie.

Die Sehnsucht von Nicos Mutter

Nicos Mutter ist an sich eine bemühte Frau. Sie hat es nicht leicht gehabt in ihrem Leben. Nico hat sie von einem Mann, der Alkoholiker war und noch ist und sie ständig misshandelt hat. Deswegen hat sie sich schließlich vom leiblichen Vater des Kindes getrennt. Diesen Mann erlebt sie heute noch als Belastung. So sehr sie es sich auch wünschen würde, er kümmert sich nicht um Nico und zahlt auch keinen Unterhalt. Alles muss sie beim zuständigen Bezirksgericht einklagen. Und aus Nico soll natürlich auch etwas werden, das ist ihr Ziel.

Nico sei als Kleinkind immer ganz nett gewesen und alles habe gut gepasst. Er sei auch öfter bei ihrer Mutter, seiner Oma, gewesen.

Nur da, so erzählt sie, sei es für sie schwierig geworden. Die Oma hätte bei der Erziehung des Kindes immer alles besser gewusst. Sie habe sie selbst auch immer als missratene Tochter abgestempelt, die zu nichts fähig sei. Mit dem Job sei auch nicht immer alles so gut gegangen. Manchmal habe sie einfach zu viel und zu lange arbeiten müssen. Nico sei dann oft allein in der kleinen, heruntergekommenen Wohnung neben der Autobahn gewesen. Aber das sei ja nicht so arg, weil dann auch immer wieder die Großmutter für Nico da gewesen sei. Vor zirka eineinhalb Jahren habe sie dann endlich ihren jetzigen Lebensgefährten kennengelernt. Dieser sei Kraftfahrer und am Wochenende immer für die Kinder da. Er sei ihr Glück und ihre Sicherheit. Endlich habe sie jemanden gefunden, auf den sie sich verlassen und bei dem sie sich anlehnen könne.

In ihr baut sich die Hoffnung auf, dass aus ihrem Leben doch noch einmal etwas werden kann. Das läuft auch alles ganz gut.

Doch plötzlich beginnt Nico immer schwieriger zu werden. Es beginnen die Verweigerungen, es beginnen die aggressiven Handlungen, Drohgebärden, Beschimpfungen usw. Der neue Lebensgefährte rät ihr, konsequent und streng im Umgang mit Nico zu sein. Doch das kann sie nicht. Schon gar nicht, als ihr der Lebensgefährte diese Strenge mit einem Schreiduell und einem körperlichen Übergriff auf Nico vor Augen führt. Aber sie will jetzt auch konsequent sein. Sie packt Nico, als es ihr wieder einmal zu viel wird und er wieder einmal nichts macht, hart, konsequent und streng an. Nico reagiert nicht, da auch gleich wieder der Lebensgefährte dazwischentritt, also lässt sie es wieder schleifen und hofft, dass sich der Heranwachsende von selber ändern wird. Aber mitnichten. Nicos Verhalten wird nur ärger. Sie schämt sich auch für ihn.

Das Dilemma von Nicos Mutter

Inzwischen bemerkt die Mutter auch, dass sie langsam, aber sicher, den Kontakt zu Nico verliert. Sie probiert, ihn noch einmal mit aller Kraft an sich zu binden, und wird erneut sehr streng. Doch dies alles nützt nichts. Nico ignoriert sie fast nicht einmal mehr. Er wird seiner Mutter gegenüber immer ausfälliger. Schließlich kommt es so weit, dass Nico nicht, wie geplant, in das Haus des Lebensgefährten mit einziehen darf.

Das stürzt die Kindesmutter in ein großes Dilemma: Soll sie bei Nico bleiben oder zu ihrem Lebensgefährten gehen? Wieder probiert sie es mit Strenge. Nico hat sich an die Regeln zu halten. Doch nichts funktioniert. Das Hin- und Herpendeln zwischen der Option, Nico sich selbst zu überlassen oder Strenge zu zeigen, zehrt an ihr. Und Nico findet immer ein Schlupfloch, egal, was sie auch tut. Weder Konsequenz und Strenge noch Ignorieren und Gewähren-Lassen helfen. Nicos Mutter ist in einem Dilemma: Sie steht zwischen ihrem Lebensgefährten und dem Kind, das sie eigentlich über alles liebt, zwischen übergroßer Strenge und Aufgeben. Diese Ambivalenz macht sie hilflos und ohnmächtig. Sie will nicht mehr.

Leicht könnte man jetzt zu dem Schluss kommen, dass diese Ohnmacht etwas Verwerfliches sei. Sie hat aber etwas Gutes. In ihr steckt unglaublich viel Energie. Sie ist der Versuch, mit all den Widersprüchlichkeiten und scheinbar unüberwindbaren Gegensätzen (etwa dem Wunsch der Mutter, bei ihrem Lebensgefährten zu bleiben, und dem Faktum, dass das für Nico nicht geht; ihrem Wunsch, etwas Geld für sich selbst zu haben, und der Tatsache, dass Nico so viel braucht, usw.) zurande zu kommen.

Wollen wir an die Mutter herankommen, gilt es die Energie, die die Mutter in die Konstruktion und Aufrechterhaltung der Ohnmacht steckt, wertzuschätzen. Wir müssen ihr freundlich begegnen. Dann wird die Energie nutzbar für die sicherlich notwendige

Änderung der Situation. Wenn der Aufwand der Mutter wertgeschätzt wird, wird ihr vielleicht klar, dass sie doch Energie dafür hat, etwas zu tun. Auf dieser wertschätzenden Basis lassen sich dann auch Dinge besprechen, die besprochen werden müssen; etwa dass der Sinn von Nicos Problemverhalten für die Mutter auch darin liegen könnte, ihre Ohnmacht weiter zu kultivieren und sich so klammheimlich aus der Erziehungsverantwortung zu stehlen.

Das Dilemma im Klassenzimmer

Die Frau Klassenvorstand mag Nico eigentlich. Sie hält ihn für einen im Grunde sensiblen und durchaus sympathischen Burschen.

Er hätte eigentlich auch das Zeug dazu, es in seinem Leben zu etwas zu bringen. Doch vor allem in letzter Zeit sei er nicht mehr im Zaum zu halten, die Jüngeren in der Klasse fürchteten sich vor ihm, das Unterrichtsklima sei am Boden, ein Unterricht nicht mehr möglich. Laufend beschwerten sich Kolleginnen und Kollegen, aber auch die Eltern der anderen Schüler über ihn. Besonders in Werken und Musik sei Nico unerträglich. In Mathematik, wo er sich schwer tue, arbeite er nicht mit und störe ständig den Unterricht. Und immer wieder diese »kleinen«, aggressiven Übergriffe auf seine Mitschüler. In der Pause sei er kaum zu kontrollieren. Es sei schon alles Mögliche versucht worden. Eine Zeit lang sei es ja auch ganz gut gegangen.

Erschwerend komme hinzu, dass Nico nur selten in der Schule anwesend sei. So könne er dem Unterrichtsstoff nicht mehr folgen, bliebe hinten. Schön langsam müsse sie sich den anderen Kolleginnen und Kollegen anschließen, die meinen, für den Umgang mit einem derartigen Problemkind nicht ausgebildet zu sein. Sie hätten schließlich mehrere Aufgaben und auch die anderen Schüler seien zu schützen. Und eigentlich gehe es in der Schule doch darum,

Wissen zu vermitteln und darauf zu achten, dass die Kinder ihre Leistungen erbringen. Damit sie später im Beruf erfolgreich sein können. Und Konsequenzen könne man auch keine mehr setzen. Ein Lehrer, eine Lehrerin habe heutzutage kaum noch die Möglichkeit, konsequent zu sein. Es sei nahezu unmöglich, einen Schüler wie Nico bei einem Fehlverhalten aus der Klasse zu schicken. Man laufe Gefahr, die Aufsichtspflicht zu verletzen. Und es könne doch nicht immer die Direktorin zum Handkuss kommen. Sei es ihre Aufgabe, den Unterhalter für einen Nico zu spielen? Es sei auch kaum möglich, ihn zu suspendieren, um ein Exempel zu statuieren. In diesem Fall müsste man mit einer Berufung rechnen, die diese Maßnahme dann unwirksam machte.

Die Kollegen wüssten zwar, dass sie Nico eigentlich immer wieder bestärken und loben müssten und das vermutlich auch helfen würde. Aber wenn man gar nichts mehr Gutes findet, sei das sehr schwer.

Die Dynamik der Ereignisse ist paradox. Positives Bemühen ist nicht mehr möglich, obwohl jeder positiv sein will.

Im Klassenzimmer entwickelt sich das Dilemma zwischen der Wissensvermittlung und der Notwendigkeit, sich für Schüler wie Nico Zeit zu nehmen, sie zu bestärken, zu loben und sich nachhaltig mit ihnen zu beschäftigen. Für Letzteres fehlen Zeit und Personal. Was Schulpsychologen und Beratungslehrer in einem solchen Fall anbieten können, sei ein Tropfen auf den heißen Stein.

Was bleibe also anderes übrig, so die Frau Klassenvorstand, als Nico zu ignorieren, ihn links liegen zu lassen und auf den nächsten Vorfall zu warten, damit er endlich von der Schule verwiesen werde? Ja, man würde ihn schon gerne konsequent und hart anfassen, aber gerade das gehe ja nicht. Ein Dilemma, das Hilflosigkeit und Ohnmacht hervorruft. Wieder sei angemerkt: Auch die Ohnmachtsgefühle der Lehrerinnen und Lehrer sind nichts Verwerfliches. Auch sie sind gebündelte Energie, um mit der Situation fertig zu werden.

Das Dilemma der Schule

Was ist los an unseren Schulen, dass eine derartige Ohnmacht sich breitmachen kann? Was läuft falsch an unseren Schulen?

Ziehen wir Martin Seligman, den Begründer der Positiven Psychologie, zurate. In seinen Vorträgen stellt er seinem Publikum meist zwei einfach klingende Fragen.

Erstens: Beschreiben Sie in zwei oder weniger Worten, was Sie sich am meisten für Ihr Kind in seinem Leben wünschen.

Die Antwort der meisten Teilnehmer und Teilnehmerinnen ist eindeutig: Glück, Zufriedenheit, Wohlbefinden, Erfolg …

Zweitens: Beschreiben Sie in zwei oder weniger Worten, was Ihnen zum Begriff Schule einfällt.

Hier fallen die Antworten der gleichen Teilnehmer und Teilnehmerinnen (darunter auch viele Pädagogen und Pädagoginnen) nicht weniger eindeutig aus: Gehorsam, Leistung, Wissensvermittlung, Druck, tadeln, Fehler korrigieren, berichtigen.

Das Dilemma unserer Schulen ist perfekt. Sie sind, überspitzt formuliert, zu Einrichtungen verkommen, in denen Druck, Tadel und die Konzentration auf Fehler dominieren. Erreicht werden sollen damit Spitzenleistungen, wie sie von Gesellschaft und Politik gefordert werden. Schließlich will man sich bei der nächsten Pisa-Studie nicht wieder eine Blamage einhandeln! Wer hat da noch Zeit für emotionale Kinkerlitzchen?

Das ist der Tenor, obwohl längst hinlänglich bekannt und dies auch neurobiologisch bereits mehrfach belegt ist, dass gute Leistungen in der Schule nur dann erbracht werden können und die

Motivation zum Lernen nur dann gelingen kann, wenn im Klassenzimmer ein emotional positiv besetztes Klima herrscht. Wenn Ermutigung und Lob und nicht das Auffinden von Unzulänglichkeiten in einer Klassenarbeit an erster Stelle stehen. In diesem Dilemma arbeiten unsere Lehrerinnen und Lehrer heute und versuchen ihr Bestes zu geben.

Kommunikation, Ohnmacht, Wut und Aggression

Pavao Brajša, Professor für Kommunikationswissenschaften in Zagreb, bringt auf den Punkt, was in der Schule heute aggressiv machen kann:

Es ist zum einen die oft unverständliche und unehrliche Kommunikation, das Faktum, dass nicht offen über Schwierigkeiten diskutiert wird.

Oft ist es das Faktum, dass Kommunikation auch mehrdeutig statt eindeutig ist. Es regiert etwa die »Mach freiwillig das, was ich will«-Paradoxie, d. h. dem Schüler wird etwas, das sein muss, als Verhandlungsangebot dargelegt. Das klingt dann so: »Willst du jetzt im Unterricht mitmachen?« Hinter einem scheinbar zur Diskussion stehenden Angebot versteckt sich die eigentlich unmissverständliche Aufforderung: »Mach jetzt mit!«

Oft fehlt es einfach an Wertschätzung. Abwertung dominiert. Diese ist oft subtil, wenn z. B. eine erbrachte Leistung gelobt und zugleich abgewertet wird. Das klingt dann so: »Super, dass du auf die Schularbeit eine gute Note hast, warum nicht gleich so?« oder »… wohl nur deshalb, weil endlich einer mit dir lernt!«.

So können Schulen zu einem Nährboden werden, auf dem Abwertung, Hass und Aggression entstehen.

In einem solchen System gehen gerade Schüler wie Nico unter. Sie bleiben auf der Strecke, am Rand, werden getadelt. Ihnen wird nicht mehr begegnet, man will es auch gar nicht mehr. Kurz gesagt, die Lehrer und Lehrerinnen sind für ihn nicht mehr präsent. Nico bekommt so genau das nicht, was er sich am sehnlichsten wünscht: Anerkennung, Aufmerksamkeit, Rückhalt, Unterstützung. Wenn er sich schlecht benimmt und aggressiv ist, bekommt er wenigstens ein bisschen davon, wenn auch nicht freiwillig. Der sich aufschaukelnde Teufelskreis ist perfekt, das Dilemma auch.

Wir möchten aber nicht missverstanden werden: Ziel unserer Ausführungen ist es keinesfalls, zu vermitteln, dass unsere Lehrer es sich an den Schulen nur bequem machen und eigentlich kein Interesse mehr an unseren Kindern haben. Und schon gar nicht wollen wir vermitteln, dass die Schule eine in ihrer Tradition überholte, unnötige Institution unserer Gesellschaft sei. Schon Joachim Bauer weist in seinem Buch »Lob der Schule« darauf hin, wie wichtig diese Institution für ein Leben in Gemeinschaft und Kooperation ist.

Noch einmal: Unsere Lehrer geben ihr Bestes, um diesem Dilemma zu entkommen und die Schule lebenswert zu gestalten. Aufgrund der Gegensätze entwickeln sich aber Dynamiken der Hoffnungslosigkeit und Ohnmacht, die jedes positive Engagement zu ersticken drohen. Bevor wir nun der Frage nachgehen, wie wir diesen Dilemmata und diesen Teufelskreisen der Ohnmacht und Hilflosigkeit entkommen können, wollen wir unser Augenmerk noch auf ohnmachtsverstärkende Faktoren legen.

OHNMACHTSVERSTÄRKENDE FAKTOREN

Es sind vor allem zwei Faktoren, die eine gute Brutstätte für die Ausweitung von Verweigerung, Aggression und letztlich Gewalt geben können. Das »Watzlawick-Dilemma« und die »Herumdokterei«.

Schuldzuweisung und »Watzlawick-Dilemma«

Nun ist diese Ohnmacht der Mütter und Väter, die Ohnmacht der Schulen, aber auch das existenzielle Dilemma nichts, was unserer gesellschaftlichen Öffentlichkeit verborgen bleibt. Sie werden in den Zeitungen, aber auch in anderen Medien immer wieder angesprochen. Es gibt auch jede Menge gut gemeinter Ratschläge und Versuche, dieses Problem endlich in den Griff zu bekommen. Tatsächlich ist jeder bemüht, gibt sein Bestes, versucht alles – und dennoch gelingt nichts. Warum?

Meist legen wir unsere Versuche, der Ohnmacht zu entrinnen, kausal an, statt anzuschauen, was wirklich abläuft. Wir suchen nach Ursachen, nach Schuldigen, machen Schuldzuweisungen, beschämen uns gegenseitig. Im Folgenden ein kurzer Überblick über die wichtigsten Pfade solcher Schuldzuweisungen, mit denen wir in unserer langjährigen Praxis konfrontiert wurden.

Schuld ist das Kind
Nico ist einfach ein schlimmes Kind. Wenn wir seine Geschichte seit seiner frühen Kindheit genau verfolgen, so war er schon immer etwas anders, bereits in der Volksschule auffällig. Es muss wohl an seinen Genen liegen, dass der Drang zu Aggression und Gewalt bei ihm besonders deutlich hervortritt.

Dass dies nicht der Weisheit letzter Schluss sein kann, ist in der Fachwelt hinlänglich bekannt und unumstritten. Auch Sie werden rasch einen inneren Widerstand spüren, wenn Sie diese Vorverurteilung hier in aller Klarheit lesen. Trotzdem klammern wir uns immer wieder an solche Versionen. Faktum aber ist, dass auch bei einer genetischen Prädisposition ein Rahmen erforderlich ist, in dem diese erst wirksam werden kann.

Das wahrhaftig gewordene »Böse« passiert nicht einfach so, es braucht einen Nährboden, auf dem es gedeihen kann, es braucht entsprechend ungünstige Umweltfaktoren. Die moderne Neurobiologie weist nach, dass konkretes Verhalten und Umwelteinflüsse Gen-Informationen, und vor allem deren Aktivierung, beeinflussen können.

Schuld sind die Eltern

Würde sich Nicos Mutter in angemessener Weise um ihr Kind kümmern, sich wirklich für Nico interessieren, ihre elterlichen Pflichten wahrnehmen, dann wäre es nicht so weit gekommen. Dann hätte Nico Rückhalt und Orientierung.

An dieser Aussage ist zweifelsohne etwas dran, doch müssen wir die Frage zulassen, warum sich Nicos Mutter so verhält. Will sie denn nicht das Beste für ihr Kind? Bemüht nicht auch sie sich »verzweifelt« darum, dass alles gut wird? Trägt sie mit ihren Beschwerden, ihrem Gang zur therapeutischen Beichte nicht dazu bei, dass es besser werden soll? Dies ist als erster Schritt zu würdigen.

Mit Schuldzuweisungen an Eltern werden wir nämlich nicht weiterkommen. Sehen wir die Nicht-Präsenz der Kindesmutter, ihre Forderungen nach außen, es müsse endlich etwas getan werden, nicht wertend als negative Eigenschaft, als Charakterlosigkeit. In der Tat handelt es sich dabei vielmehr um den ernst gemeinten Bewältigungsversuch einer Situation, mit der sie selber nicht mehr zurande kommt. Ihre Lösungsversuche zielen wohl darauf ab, sich selbst zu entlasten, sich von ihrer »Schuld« freizusprechen und das Beste für ihr Kind einzufordern.

Schuld ist die Schule
Der Schule die Schuld zuzuschreiben ist vor allem in letzter Zeit sehr beliebt. Öffentliche Debatten darüber florieren. Die Lehrer kümmern sich nicht genug um unsere Kinder, sie zeigen nicht genug Engagement. Es geht ihnen sowieso zu gut. Man denke nur an die langen Ferien. Und unter dem Hinweis auf ein drohendes Burn-out legen sie sich doch alle nur auf die faule Haut. Und unsere lieben Kinder sind ihnen dabei ganz egal.

Dass unsere Schulen Reformbedarf haben, ist hinlänglich bekannt. Wie manche Massenmedien auf dumpfe Vorurteile gegenüber Lehrern zu setzen, wird uns da nicht weiterbringen. Vielmehr geht es darum, die Situation der Lehrerinnen und Lehrer wertschätzend wahrzunehmen. Dann wird vielleicht sichtbar, wie viel an positiven Bemühungen es in Klassenzimmern bereits gibt.

Schuld ist die Gesellschaft
Wenn es um die Ohnmacht geht, mangelt es nicht an gesellschaftskritischen Äußerungen. Unsere Gesellschaft mit ihrer Orientierung am Konsum, ihrer Ent-Individualisierung, ihrer Vereinsamungstendenz, ihrem Verlust an Werten und Solidarität, ihrer Verherrlichung und Heroisierung von Gewalt ist schuld an allen Problemen und Dilemmata mit unseren Kindern und Jugendlichen. Dies klingt plausibel und findet sich in den Reden vieler unserer Politiker: die Gesellschaft allgemein als »Sündenbock«.

Aber was ist an dieser Schuldzuweisung besser, als Nico oder seiner Mutter die Schuld zuzuschreiben? Gesellschaftskritische Äußerungen verstärken die Ohnmacht lediglich, wenn sie nicht in ein Handeln eines jeden Einzelnen von uns münden. Als Salonkritizismus taugen sie nichts.

Das »Watzlawick-Dilemma«

Mit allen Lösungsversuchen und Ursachenerklärungen, die bei anderen die Schuld suchen und diese »ultimativ« auffordern, sie endlich einzugestehen und sich zu ändern, geraten wir unweigerlich in ein Dilemma, das Paul Watzlawick in seinem Buch »Menschliche Kommunikation« eindrucksvoll beschrieben hat und das wir nach ihm »Watzlawick-Dilemma« nennen wollen.

Was passiert, wenn jemand in einem System ein Problem hat, z. B. dass er aggressiv ist? Zunächst werden jene, die dieses Verhalten als auffällig gebrandmarkt haben und sich dem Gebrandmarkten gegenüber dann so verhalten, dass dieser – im Sinne der »Self-Fulfilling Prophecy« – gar nicht anders kann, als sich auffällig zu verhalten, fordern, der als »schuldig« Identifizierte solle sich ändern. Das führt zu einer ausweglosen Situation, die Watzlawick in seinem Buch am Beispiel des trinkenden Ehemanns und der schimpfenden Ehefrau skizziert.

Ein Ehemann kommt betrunken nach Hause und seine Ehefrau schimpft. Je mehr sie nun schimpft, desto mehr trinkt er. Je mehr der Ehemann aber trinkt, desto mehr schimpft seine Frau. So schaukelt sich dieser Teufelskreislauf auf. Fragt man den Ehemann, warum er so viel trinkt, sagt er, vereinfacht dargestellt: »Weil sie so viel schimpft!« Fragt man die Ehefrau, warum sie so viel schimpft, antwortet sie: »Weil er so viel trinkt!« Fragt man nun den Ehemann, wie er sich eine Lösung des Problems vorstelle, antwortet er, sie solle doch aufhören zu schimpfen, dann müsse er nicht mehr so viel trinken, um das Geschrei zu ertragen. Fragt man die Ehefrau, wie sie sich eine Lösung des Problems vorstelle, antwortet diese, ihr Mann solle aufhören zu trinken, dann müsse sie nicht mehr so viel schimpfen.

Es ist leicht einsehbar, warum eine solche Kommunikation und Interaktion zu keiner Lösung, sondern mitten ins Dilemma führt und den Teufelskreis der Hilflosigkeit, der Ohnmacht und auch der

Wut weiter aufschaukelt. Mit Appellen, der andere möge sich ändern, ist es ganz offensichtlich nicht getan. Diese führen zu nichts, höchstens zu Abwertung.

Dieses Dilemma sei nun beispielhaft noch einmal an Nico und seiner Mutter erläutert. Nico ist aggressiv und seine Mutter flüchtet. Je mehr Aggression Nico zeigt, desto mehr flüchtet die Mutter. Je mehr die Mutter flüchtet, desto aggressiver wird Nico. Fragt man nun die Mutter, warum sie flüchtet, sagt sie, weil Nico aggressiv sei. Fragt man Nico, warum er aggressiv sei, sagt er, weil die Mutter flüchte und nicht für ihn da sei. Fragt man die Mutter, wie man das Problem lösen könnte, antwortet diese, Nico solle sich benehmen und brav sein. Fragt man Nico, wie er das Problem lösen würde, antwortet er, seine Mutter solle nicht vor ihm flüchten und Zeit für ihn haben.

Wir legen dieses Beispiel nun auch noch einmal auf Nico und die Schule um. Je unmöglicher und aggressiver sich Nico in der Schule benimmt, desto gleichgültiger werden die Lehrer und auch die Mitschüler und desto mehr grenzen sie ihn aus. Je mehr die Lehrer und Mitschüler Nico ignorieren und ausgrenzen, desto aggressiver wird er. Fragt man Nico nun, warum er so aggressiv sei und sich so benehme, antwortet er, weil die anderen ihn so an den Rand stellen und nicht verstehen. Fragt man die Lehrer und Mitschüler, warum sie sich Nico gegenüber so verhalten, dann antworten diese, weil er so aggressiv sei und sich im Unterricht so unmöglich benehme und oft verweigere. Fragt man Nico, wie er sich eine Lösung vorstellen könnte, so antwortet er, die anderen sollen nett zu ihm sein und ihn wahrnehmen. Fragt man die anderen, wie sie sich eine Lösung vorstellen könnten, so sagen sie, Nico solle sich benehmen, brav sein und wie ein richtiger Schüler arbeiten.

Hilflosigkeit und Lösungswege
Kreisläufe gegenseitiger Schuldzuschreibungen funktionieren im-

mer nach demselben Schema und verstärken sich auch selbst. Wir hoffen, dass es uns gut gehen wird, wenn der andere sich endlich ändert. Und der andere macht umgekehrt das Gleiche. Wir begegnen dem anderen eigentlich nicht mehr und das Problem wird größer, Wut und Aggression verstärken sich in die eine wie auch in die andere Richtung. Watzlawick hat in seinem Buch »Anleitung zum Unglücklichsein« nachgewiesen, dass diese »paradoxen« Kreisläufe nicht zur Lösung, sondern zum Unglücklichsein und in Bezug auf Aggression und Gewalt zu Hilflosigkeit und Ohnmacht sowie zu mehr Gewalt beitragen.

Aber warum entstehen und bestehen diese Teufelskreise, wenn sie zu nichts führen? Warum existieren sie? Sie haben offensichtlich auch einen Sinn und einen Gewinn. Nach Gunther Schmidt sind sie gut gemeinte Versuche, Ambivalenzen zu entrinnen. Sie sind oft die besten Möglichkeiten, um das Leben überhaupt noch zu überleben.

Martin Seligman beschreibt dies mit seiner Theorie der »erlernten Hilflosigkeit« aus einem etwas anderen Blickwinkel. Trifft man auf Lebenssituationen, in denen sowohl das eine als auch das andere Verhalten falsch zu sein scheint, Situationen, die also sozusagen aussichtslos scheinen, dann tendieren Menschen dazu, mit Hilflosigkeit und Ohnmacht zu reagieren. Dies scheint vermeintlich die einzige Möglichkeit, um das Problem vielleicht doch noch in den Griff zu bekommen. Zumindest kann man seine Schuldgefühle parken und den Status quo aufrechterhalten. Dies ist verbunden mit der Hoffnung, dass es nicht zu einer weiteren Verschlimmerung, einer Eskalation der Situation kommt.

Die Hilflosigkeitsfalle schnappt oft auch subtil zu. Kommen wir noch einmal zurück zu Nico: Vom Blickwinkel der Lehrer aus erscheint es nicht sinnvoll, ihm trotz seiner Verhaltensauffälligkeiten positiv zu begegnen. Damit würde man sein aggressives Verhalten im Sinne des Lernens durch Erfolg weiter verstärken. Er müsse nur laut schreien und alle Aufmerksamkeit sei bei ihm – das könne es doch nicht sein. *Er* habe sich zu ändern.

In Wirklichkeit aber sollten *wir* uns ändern und die »Gemütlichkeit« der Hilflosigkeit verlassen.

Versuchen wir, das von Nico selbst genannte Bedürfnis danach, »bemerkt zu werden«, »sich angenommen zu fühlen«, aufzugreifen. Durch die Änderung unseres Verhaltens machen wir ihm ein Angebot, durch das diese verständlichen emotionalen Bedürfnisse befriedigt werden können. Es geht um die Wertschätzung aller. Das schafft Raum für positive Begegnungen.

Ohne dabei – und auch das sei klar hervorgehoben – sein »negatives« Verhalten gutzuheißen. Hier bedarf es einer klaren Auseinandersetzung. Aber vielleicht tritt Nicos »negatives« Verhalten gerade dann in den Hintergrund, wenn wir ihm endlich einmal positiv begegnen. So wird das seinem auffälligen Verhalten zugrunde liegende emotionale Bedürfnis einmal auf anderem Wege einer Befriedigung zugeführt. Und Nico kann aus seinem stark eingeschränkten Verhaltensrepertoire leichter aussteigen.

In diese »Schuld- und Watzlawick-Falle« droht die gesamte Diskussion über Jugendgewalt zu tappen. Durch die vehemente Forderung, die anderen mögen sich ändern, entsteht unwillkürlich der Nährboden für Aggression und Gewalt. Derartige Teufelskreise wirken früher oder später immer massiv abwertend. Müßig zu sagen, dass dies manchen Geschäftemachern in unserer Gesellschaft durchaus recht ist. Machen wir ihnen einen Strich durch die Rechnung, indem wir uns ändern.

Tappen nun nicht auch wir Autoren in die Watzlawick-Falle? Schreiben wir nicht gerade, wer sich aller ändern sollte? Allmählich werden wir uns unserer paradoxen Lage bewusst. Änderung ist ein wechselseitiger Prozess, der nicht von heute auf morgen möglich ist. Er braucht Zeit. Oft ist auch nicht vorhersehbar, was sich ändern wird und kann. Oft besteht die Änderung darin, dass wir wissen und akzeptieren, dass etwas so ist und sich bis jetzt nichts geändert hat. Seien wir wertschätzend mit dem, was da ist, und unserem Bemühen. Dann ändert sich vielleicht etwas.

Verstehen Sie das hier Ausgeführte als Denkangebot, um noch besser in den Prozess der Wertschätzung und Souveränität einsteigen zu können. Dies ist hier und im Folgenden unser Anliegen.

Bevor wir uns nun möglichen befreienden Lösungswegen aus der Ohnmacht zuwenden, gilt es noch ein weiteres Phänomen zu beleuchten: das »Herumdoktern«.

»Herumdoktern«

Wenn es ganz arg wird, wenn Aggression und Gewalt ein gewisses Maß übersteigen – wie auch bei Nico –, dann wenden Eltern sich an die Fachleute. Dann ist der Experte gefragt: der (Schul-)Psychologe, der Psychotherapeut, der Facharzt, der Beratungslehrer usw. Dagegen ist grundsätzlich nichts einzuwenden. Es ist ein Lösungsversuch. Für das Kind, den Jugendlichen ist der Gang zum Therapeuten meist kein freiwilliger, sondern oftmals ein »verschriebener«, erzwungener und äußerst unangenehmer. Der Gang zu einem »Seelen-Doktor« ist noch nicht so selbstverständlich wie jener zum Hausarzt bei einem grippalen Infekt.

Lassen Sie uns aus unserer Erfahrung berichten. Üblicherweise werden Kinder und Jugendliche zur »Reparatur« geschickt. Die Fachleute sollen durchblicken, was das schlimme Kind denn hat, und es durch geschickten Einsatz von Gedankenlesen, Manipulation, Hypnose, Gehirnwäsche und anderer Psycho-Werkzeuge wieder »alltagstauglich« machen. Das Kind, der Jugendliche soll rasch wieder »funktionieren« wie das Auto nach der Reparatur in der Werkstätte.

Wir hoffen, dass die Fachleute das hinbekommen, wir haben mit den in Gang zu setzenden Prozessen der Veränderung nichts zu tun, sind nicht involviert. Wir Eltern als Auftraggeber wünschen uns nach erfolgreicher Behandlung ein Kind zurück, das in der Familie wieder normal funktioniert, und in der Schule brav und nicht mehr »kaputt« ist. Es soll einfach kapieren, worum es geht, und seine Irrwege einsehen.

Die Wunderheilung
Und in der Tat, es gibt genug Angebote, die eine solche »Wunderheilung« versprechen und gewinnbringend verkaufen. 30 Einheiten psychologische Einzelbehandlung oder Psychotherapie, ein Antiaggressionstraining, einzeln oder in Gruppe, versprechen rasche Linderung. Dazu vielleicht ein kleines Präventionstraining in der Schule, inszeniert durch den Einmalauftritt eines Schulpsychologen. Und zur Abrundung ein Lerntraining, bei dem es auch um soziale Kompetenzen geht.

Es geht hier nicht darum, zu erklären, dass solche Maßnahmen unnötig und wirkungslos sind. Nur eines zeigt die Erfahrung: Wenn sie eingesetzt werden wie eine ärztlich verschriebene »Wunderpille«, die ein Kind kurieren soll, dann wirken sie auch wie eine Arznei, wie Aspirin zum Beispiel. Dieses senkt möglicherweise kurzzeitig das Fieber. Wenn wir an ein Psychopharmakon, eine Seelendroge denken, so lindert ein Antidepressivum die Auswirkungen der Depression.

An die Wurzel und die Hintergründe der Aggression, des Jugendkults Gewalt kommen wir so nicht heran. Hier wird auch keine Veränderung erzielt. Bekämpft werden kurz- und mittelfristig Symptome, die zugrunde liegende »seelische Krankheit« unserer Kinder und Jugendlichen aber bleibt bestehen: die fehlende Befriedigung grundlegender emotionaler Bedürfnisse.

An den Symptomen der Störung, Aggression und Gewalt wird

oft herumgedoktert, dass es nur so eine Freude ist. Dabei interessiert dies die betroffenen Kinder und Jugendlichen oft gar nicht. Sie erleben sich nicht als krank, sondern eigentlich als höchst selbstwirksam. Warum auch? Aggression und Gewalt sind für sie hocheffektive Verhaltensweisen. Sie erreichen in der Regel ja etwas damit. Mit einer Behandlung der Symptome kommen wir an die Dynamik der Gewaltwerdung nicht heran. Kindertherapie auf der »Ledercouch« erreicht die Wohn- und Klassenzimmer nicht, in denen sich Gewalt und Aggression abspielen. Kinder und Jugendliche lassen therapeutische Antiaggressions- und Antigewaltmaßnahmen über sich ergehen, weil sie müssen, und weil es vielleicht »nett« ist. Wirklich interessiert daran, bemüht und motiviert sind sie nicht. Gefragt ist eine therapeutische Interaktion mit Eltern und Lehrern. Denn Gewalt Jugendlicher realisiert sich auf der Suche nach Beziehung zu Bezugspersonen.

Die Wunderheiler
Möglicherweise sagen Sie jetzt, Sie wüssten ohnehin, dass dies so nicht geht, und auch, dass wohl keine liebende Mutter, kein liebender Vater ein Kind einfach abgeben wird, weil man Defizite »wegtherapiert« haben will. Leider müssen wir Sie enttäuschen. Die Änderung des aggressiven, gewalttätigen Kindes ist nach wie vor das vorrangigste Anliegen. Eigene Beteiligung, eigene Änderung wird immer noch klein geschrieben. Sowohl von Elternseite als auch vonseiten der Schule oder anderer Beteiligter.

»Machen Sie das, Sie sind der Experte, die Expertin. Wozu ich? Das Kind hat ja das Problem, ich habe keines, nur das Problem mit dem Kind. Machen Sie das, Sie haben das ja studiert. Wenn ich wüsste, was es zu tun gilt, wäre ich nicht bei Ihnen. Ich muss mich um Wichtigeres kümmern. Ich bringe ihnen ja schon mein Kind, habe aber leider nicht mehr Zeit. Irgendwann muss ich ja auch mal arbeiten gehen und Geld verdienen.

Wozu wir? Wir haben andere Aufgaben, wir sind nicht dazu ausgebildet, das Kind zu verstehen. Das ist Ihre Aufgabe.« So oder ähnlich laufen viele Gespräche in der alltäglichen Praxis mit Eltern und Lehrern ab. Alles wird auf die Fachleute gesetzt, damit sie das Kind ändern.

Gar nicht so wenige steigen auf solche aus unserer Sicht wenig Erfolg versprechenden Therapieaufträge ein. Es gibt sie, die Psychologen und Therapeuten, die sich weigern, mit Eltern, Schulen oder anderen Einrichtungen zu kommunizieren und abgehoben von der Lebenswirklichkeit des Kindes oder Jugendlichen an diesen herumdoktern.

Immer wieder kommt ein Hauptargument: Was in der Therapie erarbeitet wird, unterliegt der Verschwiegenheitspflicht.

Nun kann es hier nicht darum gehen, die Verschwiegenheitspflicht von Fachärzten, Psychologen und Psychotherapeuten zu kritisieren, ja, vielleicht sogar deren teilweise Aufhebung zu fordern. Sie ist ein äußerst wichtiges Instrument in der von Vertrauen getragenen Arbeit mit Patienten – auch mit Kindern und Jugendlichen. Wenn man dabei aber die Vernetzung mit dem Elternhaus und der Schule vergisst oder diese sogar möglicherweise verweigert, wird unserer Meinung nach fahrlässig gehandelt. Gerade bei einem so sensiblen Thema wie Jugendgewalt. Bei Gewalt hat Verschwiegenheit ihre Grenzen. Therapie wird zur sozialen Verantwortung.

Aggressive Störungen, Gewaltstörungen werden schon in der psychologischen Grundlagenforschung und Praxisforschung als sehr behandlungsresistent beschrieben. Vor allem, weil sie so viele Möglichkeiten des vom »Täter« erlebten Erfolges in sich bergen. Da ist man als Kind oder Jugendlicher schon bereit, etwas in Kauf zu nehmen.

Diese »Störungsbilder« erfordern ein besonders sorgfältiges, integratives (»Be«)Handeln, vor allem aber ein Umdenken in der Logik des Herangehens in Form einer kooperativen Therapie.

»Herumdokterei« der oben beschriebenen Art erzeugt nur frustrierte Kinder und Jugendliche, die noch resistenter gegen das »Virus« eines psychologischen Umgangs mit ihnen werden. Sie erzeugt frustrierte Eltern und frustrierte Lehrer, die sich letztlich gegenseitig die Schuld zuschieben, weil sich nichts ändert. Und sie erzeugt frustrierte »Behandelnde«, die nichts zustande bringen.

Manche Eltern haben mit ihren Problemkindern auf diese Weise schon alle Therapeuten ihrer Stadt abgegrast, aber aufgrund der Hilflosigkeit und Unfähigkeit der »Behandelnden« hat sich nach keinem der Besuche etwas geändert. Dies trägt wesentlich zur allgemein empfundenen Ohnmacht und Hilflosigkeit sowie zur Verstärkung der Dilemmata bei. Es erzeugt und fördert Wut, Abwertung und gegenseitiges Niedermachen und lässt keine andere Option offen, als so weiterzumachen wie bisher. Eine Brutstätte für das Weiterwuchern von Aggression und Gewalt.

Noch mehr Expertise?

Wir sehen noch eine weitere Art der »Herumdokterei«: den Ruf nach mehr Expertise. Expertise wird immer dann verstärkt nachgefragt, wenn etwas besonders Schreckliches passiert. Expertise soll beispielsweise den jugendlichen Amokläufer schon frühzeitig durch ein aus amerikanischen Kriminalserien bekanntes Profiling erkennen. Potenzielle Gewalttätigkeit soll bereits im Keim erstickt und zu einer Re-Orientierung beigetragen werden. Damit sich an unseren Schulen, den Hauptstätten der kindlichen Sozialisation, ein gesundes und positives Klima entwickelt. Vertreter von Schulen und Beamte rufen danach, Politiker machen medienwirksame Vorschläge, wenn es gerade brennt. Immer dann, wenn eine die Öffentlichkeit erschütternde Gewalttat gerade passiert ist und politische Forderungen ebenso opportun wirken wie Versprechen.

Expertenwissen ist äußerst wichtig. Nichts gegen Programme, Prävention, dienliche Module. Es gibt zu wenig davon. Aber wie wird damit umgegangen? Nur die Expertise, das Programm allein wird bei Jugendgewalt nichts bewirken. Auch die bloße Durchführung von Programmen durch Experten nicht, wenn Eltern, Lehrer und Erzieher unbeteiligt draußen vor der Tür stehen bleiben. Kinder und Jugendliche werden sie über sich ergehen lassen und gelangweilt aus dem Klassenzimmer schauen. Gerade deshalb, weil sie beim Absitzen dieser Programme einmal mehr jenen nicht begegnen, auf die es ihnen ankommt: ihren Eltern und Bezugspersonen. In solchen Programmen wird nur mehr *zu* den Kindern und Jugendlichen und nicht mehr *mit* ihnen gesprochen. So können diese gut gemeinten Lehren eine »paradoxe Wirkung« haben: Sie kosten viel Geld, bringen aber nichts und erzeugen nur noch mehr Frust und Unverständnis auf allen Seiten.

WEGE AUS DER OHNMACHT

Welche Möglichkeiten gibt es nun, um den zahlreichen Dilemmata, Hilflosigkeiten, Ohnmachten und wirkungslosen »Herumdoktereien«, um all diesen Fallen zu entgehen, die überall auf uns lauern? Wir erleiden Schiffbruch, wenn wir hoffen, dass die anderen sich ändern, und riskieren damit sogar, dass die Gewalt eskaliert, wir scheitern, wenn wir unsere Kinder nur bei einem »Wunderheiler« abgeben und oberflächliche Präventionsprogramme über sie hinweglaufen lassen. Es ist also offensichtlich eine fundamental andere Herangehensweise notwendig, um dem Phänomen Jugendgewalt wirksam zu begegnen, um zu Zuversicht und Hoffnung zurückzufinden.

Begegnung

Als Erstes müssen wir Erwachsene selbst uns ändern und aus den eskalierenden Teufelskreisen aussteigen. Was ist dazu notwendig? Hören wir damit auf, den anderen ändern zu wollen. Zunächst einmal müssen wir ihm begegnen. Wir müssen damit aufhören, zu jammern, zu belehren, zu drohen, das »Richtige« vorzugeben.

Versuchen wir das Richtige beim Kind, beim Jugendlichen und das Bemühen jedes einzelnen Beteiligten zu sehen, zu akzeptieren und ernsthaft wertzuschätzen.

Dies bedeutet nicht, alles hinzunehmen. Aber es geht um die primäre Wertschätzung des Menschen, des Kindes oder des Jugendlichen. Es geht auch darum, etwas auszuhalten – und das braucht Stärke. Wir müssen das Kind, den Jugendlichen »aushalten«, und das gelingt uns nur dann, wenn wir die Falle vermeiden, die »böse Eigenschaft« am Kind festzumachen. Auffälligkeit, aggressives Verhalten ist vielmehr als signalgebende Botschaft zu verstehen, die uns auf etwas hinweisen will, was dem Kind viel bedeutet und ihm fehlt. Nicht das Kind ist »böse«, sondern es handelt dann »böse«, wenn es in einer Situation keinen Weg zur Befriedigung eines zugrunde liegenden Bedürfnisses sieht. Deshalb sprechen wir an dieser Stelle auch lieber von gezeigten Verhaltensauffälligkeiten eines Kindes oder Jugendlichen als von Verhaltensauffälligen, die irrgläubig aus ihrem Wesen heraus gar nicht anders sein können.

Begegnung ermöglicht es uns, aus eskalierenden Teufelskreisen, die sich durch gegenseitige Abwertung auszeichnen und sich dadurch aufschaukeln, auszusteigen. Sie gibt uns den Raum, um zu entdecken, was das Kind, der Jugendliche braucht. Den Raum, um Komplimente für Erfolge zu machen, statt sie andauernd abzuwerten. Hier geht es darum, auch kleinste Schritte in die richtige Richtung zu bemerken und zu bestärken, und nicht darum, ständig das wünschenswerte »Endziel« vor Augen zu haben und zu beschwören. Oft geht der weitere positive Weg dann ganz von allein. Dies schafft die Voraussetzung dafür, dass wir diesen Kindern und Jugendlichen wieder adäquat und auch positiv begegnen können. Schafft die Voraussetzung dafür, dass wir sie wieder in ihren Bedürfnissen, aber auch in ihren darin begründeten Fehlhandlungen wahrnehmen und lernen, damit umzugehen. Und dies ist in einer Zeit, in der individuelle Vervollkommnung und individuelles Glück sowie das Streben danach ganz offensichtlich oberste Maxime sind, gar nicht so einfach, wie wir alle wissen.

Präsenz

Das zweite wesentliche Element ist Präsenz. Wir müssen es schaffen, wie der israelische Psychologe Haim Omer es ausdrückt, bei unseren Kindern und Jugendlichen wieder präsent zu sein und zu werden. Wir – Eltern, Lehrer, Politiker. Begegnung gelingt durch Präsenz.

Präsenz ist innere Energie, die Überzeugung, das Gefühl, dass ich für mein Kind wichtig bin, dass ich bei meinem Kind etwas bewirken kann. Es ist auch die innere Überzeugung, dass mein Kind mich wichtig nimmt.

Präsenz ist die Bereitschaft, Verantwortung zu übernehmen, die Bereitschaft, dem Kind zu begegnen, es in seiner eigenen Individualität zu akzeptieren, ohne sich zu scheuen klar zu sagen, wenn ein Verhalten nicht akzeptabel ist.

Die Formel für Präsenz lautet: »Ich bin deine Mutter, dein Vater, wir sind deine Eltern. Als Kind hast du bei uns Rückhalt und wirst immer eine Chance haben. Wir übernehmen die Verantwortung, dich großzuziehen. Wir werden alles daran setzen, dass du dich positiv entwickelst. Wir sind aber auch bereit, die Auseinandersetzung zu führen, falls es Entwicklungen gibt, die dein persönliches Fortkommen, deinen Werdegang, dein Vorankommen im Leben gefährden. Wir sind hier und führen diese Auseinandersetzung. Wir übernehmen auch die Verantwortung dafür, dir genau und klar zu sagen und auch zu entscheiden, was für dich richtig oder falsch ist.« Dies ist sinngemäß auch in der Schule gut anwendbar.

Schritte zur Präsenz

Präsenz verzichtet auf Jammern, Drohen, Belehren sowie vorschnelles, überstürztes Handeln und führt somit weg von Hilflosigkeit und daraus möglicherweise entstehender Gewalt. Sie steht in unmissverständlichem Widerspruch zu Ambivalenz, übergroßer Strenge und Laissezfaire-Erziehung.

Präsenz baut auf Eltern, die in ihrem Erziehungsverhalten in der Lage sind, verzögert zu reagieren. Das heißt, nicht kopflos und hektisch zu agieren, wenn etwas passiert ist. Haim Omer empfiehlt: Wenn Sie nicht wissen, was gerade zu tun ist, warten Sie lieber zu und tun Sie gar nichts. Besinnen Sie sich in dieser Zeit auf Ihre Stärken als Eltern und Ihre Souveränität. Dann bekommt Ihr erzieherisches Handeln Gewicht.

Präsenz setzt klare Rahmenbedingungen in der Erziehung, kündigt eindeutig an, wenn etwas so nicht gehen kann und die Auseinandersetzung darüber mit dem Kind, dem Jugendlichen geführt werden muss. Nach dem Motto: Ich mag dich, aber nicht dieses Verhalten.

Präsenz bedeutet informiert zu sein. Sie als Eltern und Lehrer sind informiert darüber, für wen und wofür sich das Kind interessiert und begeistert, welche Freunde ihr Kind hat, was das Kind in seinem Zimmer macht, was auf seinem Computer läuft und auch darüber, welche schulischen Aufgaben es hat usw.

Präsenz bedeutet Öffentlichkeit herzustellen. Aggression und Gewalt werden disputiert, nicht ängstlich totgeschwiegen. Präsenz scheut sich nicht, allen bekannt zu machen, was nicht in Ordnung ist. Präsenz schaut nicht weg.

Präsenz bedeutet auf den anderen zuzugehen, bedeutet frühzeitiges Eingehen und Eingreifen. Präsenz geht nach, wenn sich etwas abzeichnet, und wartet nicht, bis die Katastrophe hereingebrochen ist.

Präsenz bedeutet Konsequenz, in dem Sinne, dass Sie die konstruktive Auseinandersetzung suchen. Das Kind, der Jugendliche soll sicher sein, dass Sie bei ihm sind, wenn etwas Inakzeptables passiert ist. Was ist das für eine Konsequenz, wenn Sie ihrem Kind drei Wochen Fernsehverbot geben, wenn es einen Nachbarjungen blutig geschlagen hat, und dann von ihm weggehen? Konsequenz ist ein Mittel, um Beziehung zu schaffen.

Präsenz heißt, manchmal liebe Gewohnheiten zu streichen, zum Beispiel alle Wünsche des Kindes zu erfüllen, wie bei Nicos Mutter. Weil das eben nicht so weitergehen kann. Das schafft möglicherweise Konflikte, aber auch viel Begegnungsmöglichkeit.

Präsenz bedeutet aber vor allem, immer wieder Gesten der Versöhnung zu setzen.

Präsenz ist positive Begegnung. All unsere Erfahrungen aus der Praxis haben gezeigt, dass gerade aggressive Kinder kein Problem mit dem Setzen eines klaren Rahmens haben. Sie schätzen konstruktive Auseinandersetzung, denn da werden sie wahrgenommen. Gerade hier kann erwähnt werden, was sie gut machen. In einem klaren Rahmen wirken Gesten der Versöhnung, der Anerkennung und des Lobes am besten. Es entsteht ein konstruktives Klima.

So kann es nicht sofort wieder zu Abwertung und zu eskalierenden Teufelskreisläufen kommen, die sich aufschaukelnd selbst antreiben und Gewalt fördern.

Wollen wir erfolgreich mit dem Phänomen Gewalt umgehen, können wir nicht darauf warten, bis unsere Schulen sich ändern, können wir nicht darauf warten, bis unsere Gesellschaft sich ändert, aber eines können wir: präsent sein.

Präsenz sucht dort die Auseinandersetzung, wo Gewalt sich

zeigt oder entstehen kann. Dort ist elterliche Präsenz, die Präsenz der Lehrer und gesellschaftliche Präsenz nötiger als alles andere. Das impliziert die persönliche Bereitschaft, sich zu vernetzen und mit allen Ihnen zur Verfügung stehenden Mitteln die konstruktive, wohlwollende und wertschätzende Auseinandersetzung zu suchen.

Der stellvertretende Ruf nach Therapeuten führt, gerade in Bezug auf das Phänomen Jugendgewalt, rasch zu isolierter Therapie. Womöglich unter Berufung auf die Verschwiegenheitspflicht. Das ist kein Ersatz für die hier notwendige, öffentlich zu führende Auseinandersetzung aller beteiligten Personen. Unserer Erfahrung nach haben isolierte Therapien so gut wie keinen Erfolg.

Wann kann Therapie erfolgreich sein? Sie darf nicht beim Ausmerzen des Negativen stehen bleiben, sie muss auf den Weg bringen, bahnen. Das geht am besten, wenn die guten Seiten entdeckt werden, denn das motiviert am meisten. Das alles ist nicht möglich ohne Miteinbeziehung der Umgebung eines Jugendlichen. Erinnern wir uns: Der Sinn von Aggression realisiert sich in der Beziehung zur Beziehung; die Lösung auch. So ganz nebenbei ist die Rolle des Therapeuten als »Bahner« und Begleiter auch der neurobiologisch richtige Weg.

KAPITEL 5

Wer wenn nicht wir – Ein Plädoyer für Mut und Zivilcourage im Umgang mit Jugendgewalt

Im letzten Kapitel haben wir dargestellt, wie ohnmächtig und hilflos Jugendgewalt uns machen kann. Kultivierung der Ohnmacht etwa durch Klagen, Drohen, Belehren, übermäßige Strenge, Sanktionen – all das fördert Gewalt. Es ist ein sich wechselseitig aufschaukelnder Teufelskreis. Gewalt macht fassungslos, hilflos und ohnmächtig. Je fassungsloser, ohnmächtiger und hilfloser wir werden und es anderen überlassen, etwas gegen die aufkeimende Jugendgewalt zu tun, desto größere Chancen hat nicht akzeptable Gewalt bei unseren Kindern und Jugendlichen.

Eines dürfte das entscheidende Bindeglied sein, damit Gewalt in der Familie in der Schule, wohl aber auch im gesamtgesellschaftlichen Kontext eine Chance hat, zu gedeihen: die Nicht-Präsenz. Die Nicht-Begegnung dem anderen gegenüber, unseren Jugendlichen gegenüber, ist es, die Aggression und Gewalt entfacht und auch die von uns als »sinnlos« erlebte Gewalt möglich macht. Erinnern wir uns: Aggression ist ursprünglich im Positiven dazu da, soziale Beziehung und Bindung zu sichern.

Der junge Nico aus unserem letzten Kapitel wird von allen – von der Mutter, den Lehrern, den Mitschülern ... – ignoriert und an den Rand gestellt. Natürlich tut auch er etwas für diese Nicht-Begegnung. Er tut ab einem gewissen Zeitpunkt sogar alles, damit man nicht mehr an ihn herankommt. Was er aber tut, zielt darauf ab, doch soziale Aufmerksamkeit zu erregen, um Bindung, Beziehung zu erwirken: Er wird lästig, aggressiv, mit einem Wort: gewalttätig.

Was passiert in unserem Land mit Mitgliedern anderer Volksgruppen, anderen Kulturen, Angehörigen von Migrantenfamilien, die uns angeblich so sehr in unserer gesellschaftlichen Existenz bedrohen? Schnell sind sie nichts mehr wert, und dann nehmen wir sie auch nicht mehr wahr. Wir begegnen ihnen nicht mehr. Wir kennen sie nur unter einem Deckmantel, in der Hülle des Stereotyps. Und paradoxerweise rechtfertigen wir in unserer Sehnsucht, sozial dabei zu sein, Abwertung, Entmenschlichung und Gewalt gegen sie.

Das sind die Muster, die Pogrome und Gewaltexzesse erst ermöglichen. Jene, denen man Gewalt antut, müssen auf Distanz sein, dürfen nicht zum eigenen Umfeld gehören, dann hat Gewalt eine Chance. Auf diese Weise funktionierten, wie schon ausgeführt, die amerikanischen Soldaten im Irakkrieg, aber nicht nur dort und nicht nur sie, so hat ebenso das »Stanford Prison Experiment« funktioniert, so die afrikanischen Kindersoldaten- und so übt der Jugendliche unbeachtet im Kinderzimmer am »Ego-Shooter«. Seine Opfer gehören nicht zu ihm, sie bleiben ihm fremd, hinter dem virtuellen Vorhang.

WEGSCHAUEN

Wir haben schon hinreichend dargelegt, dass Nicht-Begegnung und Nicht-Kooperation der menschlichen Natur und ihrer Entwicklung eigentlich zuwiderläuft. Wer das soziale Sein verlässt, gerät unter Stress, wird unglücklich und oft auch aggressiv und schafft paradoxerweise wieder Distanz zum anderen. Geliebter Feind, heißt es. Wir wissen, dass wir ohne den anderen nicht sein können, trotzdem entfernen wir uns oft. Und wir haben die Tendenz, wegzuschauen, wenn wir auf Gewalt treffen.

Nehmen wir doch eine Fahrt mit der Straßenbahn. Sie steigen ein und setzen sich auf einen freien Platz. Eigentlich wollen Sie es gar nicht bemerken, aber es ist unübersehbar, wie einige größere Jugendliche einen Kleineren drangsalieren, ihn treten, stoßen, verhöhnen. Immer wieder nehmen sie ihm seine Haube weg und schlagen sie ihm dann auf den Kopf. Und Sie ertappen sich immer wieder dabei, wie sie heimlich hinschauen. Endlich sagt eine ältere Dame etwas. Mit einem »Hoit die Gosch'n, Oma!« wird sie angepöbelt und schweigt daraufhin verständlicherweise. Was tun Sie?

Wie reagieren Sie, wenn Sie über einen belebten Platz gehen und sehen, wie einige Jugendliche – sie müssen nicht einmal rechtsradikal sein – einen anderen verprügeln?

Oder ein Beispiel aus einer anderen Ecke. Was tun Sie, wenn sie einen schwer betrunkenen jungen Halbwüchsigen am Straßenrand liegen sehen, der sich nicht mehr bewegt?

Was denken Sie, wenn Sie wieder von einem Bombenattentat in Bagdad mit 50 Toten hören?

Eine kürzlich auch im österreichischen Fernsehen ausgestrahlte Studie zeigt auf, dass über die Hälfte derjenigen, die Augenzeugen eines schweren Verkehrsunfalls werden, weiterfahren. Und das obwohl sie wissen, dass sie eigentlich zur Hilfeleistung verpflichtet sind, wenn Menschenleben in Gefahr sind. Es trifft sie unvorbereitet, sie sind überrascht und werden von der Situation überrumpelt.

Wir schauen weg. Was sollen wir gegen die Gewalt schon ausrichten? Sollen wir die Jugend ändern, die sozial verwahrlosten Familien, die Gesellschaft? Das schaffen nicht einmal die »Großen«. Ja, irgendwer muss sicher etwas dagegen tun. Aber für uns ist es doch besser, wir unterstützen eine Initiative zum Aggressionsabbau. Noch besser, wir spenden für Opfer und zeigen so unser soziales Engagement. Die Opfer, die tun uns ja wirklich leid, auch ihre Angehörigen. Aber das Problem, das sollen die Fachleute lösen. Irgendwie wissen wir, dass das nicht viel nützt, und trotzdem blenden wir uns aus. Was lässt uns so handeln?

ENTFREMDUNG HEUTE

Wir könnten jetzt einige herkömmliche psychologische Argumente anführen, warum das so ist. Etwa unsere Urangst vor Gewalt, die uns zurückweichen lässt. Nicht erst seit Sigmund Freud ist bekannt, dass wir vor etwas, das Angst macht – und das tut Gewalt zweifelsohne –, zurückweichen. Und es hat sicher seine Berechtigung, dass wir durch Zurückweichen und Nicht-präsent-sein, versuchen, unseren Stress zu regulieren.

Bei der Beantwortung der Frage, warum wir zurückweichen, wollen wir uns nicht mit dem bereits Dargelegten begnügen, sondern noch einen anderen Weg aufzeigen. Damit wird vielleicht noch klarer, warum es heute so wenig Präsenz und Einsatz füreinander gibt.

Auf der Suche nach Antworten stolpern wir über einen längst vergessenen und unbedeutsam geglaubten, ja, gar verstaubten Begriff: den der Entfremdung. Theodor Adorno, Max Horkheimer und Jürgen Habermas haben ihn unmittelbar nach den Ereignissen der wilden 68er geprägt, um die Phänomene der kapitalistischen Gesellschaft besser beschreiben zu können.

Entfremdung ist für sie ein Phänomen, das den Kontrollverlust des arbeitenden Menschen über sein Produkt beschreibt und ihn auf sich selbst zurückwirft. In der industriellen Massenproduktion fühlt er sich nur mehr als unbedeutsames Rädchen, weiß nicht mehr, wozu es gut ist, was er macht. Dies führt zu Apathie in dem Sinn, dass das Verlangen nach einer Änderung ungerechter Gesellschaftsverhältnisse zurückgeht. Ausgleich dafür sind Konsumorientierung und fortschreitende narzisstische Individualisierung. Im Konsum findet sich der Mensch der spätkapitalistischen Gesellschaft wieder.

Unsere Jugend scheint da auch brav mitzumachen. Sie wird ja, wenn Sie sich erinnern, als sehr pragmatisch, leistungsorientiert und durchaus angepasst beschrieben. Zum Zeitpunkt der Fertigstellung dieses Buches waren aber schon wieder neue Tendenzen spürbar. 2009 war für Österreich nach fast 15 Jahren wieder ein Jahr größerer Studentenproteste, Jugendforscher wie Bernhard Heinzlmaier sagen daher bereits jetzt ein stürmisches zweites Jahrzehnt des 21. Jahrhunderts voraus. Die Shell-Jugendstudie 2010 soll titeln: »Die

Jugend wird wieder politischer.« Klaus Hurrelmann erwartet eine aus der Krise erwachsende Repolitisierung und neuen Zündstoff.

Viele wollen uns weismachen, die Entfremdung sei weitgehend überwunden. Die industrielle Massenproduktion gehe mehr und mehr zurück, die Produktionseinheiten würden kleiner und überschaubarer, jeder sehe wieder, was er mache, und habe auch Einfluss auf das von ihm erzeugte Produkt. Damit gewinne der Mensch wieder die Kontrolle über sein Tun.

Kleine, überschaubare Produktionseinheiten, die Förderung der gestaltenden Rolle des Einzelnen im Ganzen, das ist auch das Credo vieler Wirtschafts- und Arbeitspsychologen. Um nicht missverstanden zu werden: Da ist durchaus etwas dran. Was aber ist für das Individuum daraus geworden?

Wir erleben heute, dass jeder aus sich machen kann, was er will, und jeder haben kann, was er will – wenn er nur will. So lauten die Slogans. Das scheint der Weg zu sein, wie wir uns unser persönliches Glück zusammenzimmern können. Und tatsächlich scheint heute vieles möglich: der neue BMW auf Leasing, der Urlaub auf den Malediven auf Raten und Action und Abenteuer im Übermaß in Form von Bungee Jumping, Outdoor Activities und Carving-Skispaß. Jeder verwirklicht sich heute selbst. Internet, iPhone usw. – die neue Technik bringt die große Welt ins Haus. Da wollen wir dabei sein und dranbleiben. Und wie bereits von den uns alles mies machenden Gesellschaftskritikern bemerkt, besteht das Glück im Konsum.

Dafür müssen wir viel arbeiten, für unser Glück rackern wir uns zu Tode. Die bittere Realität des Bankkontos ist beinhart und ein gewisser Lebensstandard soll schließlich doch sein. Unsere Kinder sollen es einmal besser haben als wir. Dabei merken wir nicht, wie weit wir uns von unserer Realität entfernt haben. Wir wissen nicht mehr, wofür wir eigentlich leben. Sinnkrise. Der Vormarsch der Depression als Volkskrankheit Nummer eins – von den Medien gerne so bezeichnet –, zeigt deutlich auf, wo wir stehen. Wir haben den Kontakt zu uns selbst verloren. Wir wissen nicht mehr, was wir wollen, weil wir uns überfordert haben, uns überfordern, weil wir überfordert sind.

Fast unbemerkt verlieren wir auch den Kontakt zu unseren Kindern, zu unserer Jugend. Das wollten wir ja eigentlich nie, wir wollten ja immer nur das Beste für sie.

Noch nie ist die Entfremdung des Menschen vom Menschen und von allem Menschlichen unseres Erachtens nach so weit gegangen wie in unserer heutigen (Konsum-)Gesellschaft. Die Wirtschaftskrise der letzten beiden Jahre hat uns da wohl auch aus unseren Träumen gerissen. Plötzlich scheint nicht mehr alles möglich zu sein.

Wir vegetieren nebeneinander her. Auch um entsprechend auf die Herausforderungen der heutigen Zeit reagieren zu können, fehlt uns das Wichtigste: die Fähigkeit, uns selbst zu begegnen, uns die eigene Situation einzugestehen, die Fähigkeit zur Begegnung mit anderen, unsere Präsenz. Wer sich selbst nicht findet, das ist eine alte psychologische Weisheit, findet auch den anderen nicht. Wir enden verängstigt, wütend, enttäuscht, verzweifelt und einsam. Soziale Beziehung droht abhandenzukommen. So schließt sich der Kreis.

Hilflos versuchen wir uns in einer immer komplexer und auch schwieriger werdenden Realität zurechtzufinden, suchen wir nach Lösungen, je nach Geschmack in Hedonismus, Pornografie, Wut, Aggression, Gewalt oder Depression. Wir beschreiben uns als weitestgehend handlungsunfähig. Unsere Kinder und Jugendlichen können nicht mehr auf uns zählen, wir haben keine Zeit mehr, wir bemühen uns, unser kleines, selbst gezimmertes Glück zu erhalten, nicht zu verlieren. Denn schließlich haben auch wir ein Recht auf unser Leben und unser eigenes Glück. Nur will es nicht mehr so recht gelingen. Was das mit unserer Jugend macht, können wir uns ausmalen. Deren Forderungen und deren Gewalt sind ein mehr als deutliches Zeichen. Eine klare Aufforderung, dass es ein Gebot der Stunde ist, dass jeder Einzelne seine souveräne Handlungsfähigkeit zurückgewinnen muss. Tun wir das nicht, geraten wir immer tiefer in den Strudel von als immer unlösbarer empfundenen Problemen, von Enttäuschung, Wut und Gewalt. Das Böse ist dann ziemlich nahe.

PHILIP ZIMBARDOS IDEE

Der berühmte amerikanische Psychologe bringt es in seinem Buch »Der Luzifer-Effekt« auf den Punkt. Was wir heute brauchen, um dem Bösen dieser Welt adäquat zu begegnen, das über uns zu kommen scheint wie einst über Luzifer, ist laut Zimbardo Heldentum, Heroismus. Das Heldentum kann uns wieder mit uns selbst und mit anderen in Kontakt bringen. Wir brauchen aber nicht große Helden, die alles für uns richten. Wir brauchen Helden des Alltags. Die Helferin, den Helfer von nebenan, der sich engagiert, wenn die Nachbarn krank sind, eine alte Frau vor einem U-Bahn-Unfall rettet, ein Kind aus einem reißenden Fluss zieht usw.

Wir brauchen also Heldenformate, die wir selbst in unserem Alltag leben können. Wenn wir wirksam mit dem Phänomen Jugendgewalt umgehen wollen, können wir tatsächlich nicht darauf warten, dass große Helden unsere Gesellschaft umgestalten, unsere Schulen reformieren, unsere Familien retten.

Auch sind vorgedachte große Helden heute schnell entzaubert, wie der amerikanische Präsident und Friedensnobelpreisträger Barack Obama leidvoll zur Kenntnis nehmen muss.

Wir müssen wohl oder übel selbst zum Helden werden, selbst das Heft in die Hand nehmen, uns engagieren, um etwas zu bewirken. Um es etwas übertrieben zu formulieren: Wir müssen selbst die Herausforderung annehmen, statt auf die Fachleute zu warten, die uns sagen, wie es geht.

Es gibt wissenschaftlich keinen Zweifel daran, dass das der richtige Weg ist. Die Positive Psychologie hat mehr als eindeutig nachgewiesen, dass das Meistern von Herausforderungen einer der entscheidenden Wege ist, um zu sich selbst, zum anderen und zum Glück zu finden.

Nun aber einmal Hand aufs Herz: Irgendetwas hält uns davon ab, lässt uns mit uns selbst zaudern. Die couragierte Lebensführung ist doch oftmals mühsam – woher also die Motivation nehmen?

DIE SACHE MIT DEM »STRUDELWURM«

Wer bewundert nicht Nelson Mandela, sein Durchhaltevermögen während der Jahre im Kerker, seinen Mut, sein Engagement gegen das Apartheid-Regime. Auch langjährige Haft konnte seine Courage nicht brechen. Und das, obwohl die Haftbedingungen wohl alles andere als gut gewesen sein dürften. Heute ist Nelson Mandela mehr als 90 Jahre alt und wirkt glücklich und zufrieden, wie einer, der etwas erreicht hat in seinem Leben. Nelson Mandela ist zweifellos einer der großen Helden, ein Beispiel dafür, dass Engagement und Mut sich auszahlen, nicht nur für Südafrika, sondern auch für ihn ganz persönlich.

Aber wie hat Mandela das geschafft? Ein derartiges Engagement ist ja nicht so leicht und wahrscheinlich auch nicht jedermanns Sache.

Die Schweizer Psychologin und Motivationsforscherin Maja Storch hat für uns noch die beste Antwort darauf, was es so schwer macht, engagiert mit als durchaus für sinnvoll erachteten Herausforderungen umzugehen. Und wer erachtet es nicht als sinnvoll, etwas gegen Jugendgewalt zu unternehmen, hier Zivilcourage zu zeigen, sich hier zu engagieren?

Maja Storch zeigt auf, wie wir uns selbst regulieren, wenn wir auf eine Herausforderung treffen. Das Erste ist unsere emotionale Reaktion, die Reaktion unseres, wie sie es nennt, inneren »Strudelwurms«. Unser innerer »Strudelwurm« kennt nur zwei Reaktionsmuster: (1) hin zu oder (2) weg von. Wenn er von etwas begeistert ist, ist er mit Feuer und Flamme bei der Sache. Wenn ihm etwas missfällt, ist er genauso schnell weg von der Sache. Die »Strudelwurm«-Reaktion kommt mit 0,2 Sekunden Verzögerung mit ungeheurer Power kaum kontrollierbar ans Tageslicht. Die zweite Möglichkeit der Selbstregulation ist die kognitiv geführte Willensanstrengung. Sie ist wesentlich langsamer als die emotionale Reaktion, dafür deutlich gerichteter, geordneter und strukturierter, weil mit analytischem und logischem Gespür vorgehend, weil erst auf eine eingehende, logische Analyse folgend.

Haben Sie selbst schon bemerkt, dass ihr emotionales Gefühl, ihr Bauchgefühl, immer wieder stärker ist? Etwa beim erfolglosen Abnehmversuch oder bei der emotionalen Entgleisung ihrem Kind gegenüber, auch wenn Sie sich schon hundertmal vorgenommen haben, nicht mehr so wütend zu reagieren. Wenn Sie etwas tun müssen, das Sie eigentlich nicht wollen, können Sie durchaus versuchen, ihren inneren »Strudelwurm« mit Willenskraft an die Leine zu nehmen. Wie die Erfahrung zeigt, lässt er sich ein- bis zweimal mitzerren, dann tut er wieder, was er will. Es ist einfach mühsam mit unserem inneren »Strudelwurm«.

Wie lässt sich dies nun auf die Zivilcourage, das Engagement, sagen wir einmal, gegen Gewalt anwenden? Was sagt denn Ihr »Strudelwurm«, wenn wir Sie jetzt auffordern, aktiv gegen Jugendgewalt zu werden, etwas zu unternehmen und es nicht anderen zu überlassen?

Wenn er begeistert Ja sagt, können Sie das Buch beruhigt zur

Seite legen. Wir nehmen aber an, dass er öfter, und zwar sehr schnell, sagen wird: »Hmhmm, naja, ja eigentlich schon, aber, beim nächsten Mal, vielleicht doch noch, ist ja schwierig, usw.« Oder er sagt: »Nein, auf keinen Fall, ich habe Angst, ist ja gefährlich, es bedroht mich, bei Gewalt raste ich selbst aus, da habe ich mich nicht unter Kontrolle.« Da kann ihre Vernunft unserem Vorschlag des Eingreifens schon zujubeln, allein ihr »Strudelwurm« sagt: »Ich will nicht.«

Zu viele negative Erfahrungen mit der Gewalt, zu viele schützende Vorbehalte stehen möglicherweise dagegen. Was nun?

Der Ideenkorb

Versuchen wir Maja Storchs Vorschlag aufzugreifen, der da lautet: Der »Strudelwurm« muss einfach mit ins Boot. Ihn an die Leine zu nehmen, ihm die Luft abzuschnüren mit eisernem Muss wird nichts bringen. Das heißt, es geht also darum, dem »Strudelwurm« Angebote zu machen, die ihm gefallen, damit er beim Engagement gegen die Gewalt mitmachen kann. Die Schwierigkeit ist nun Folgende. Wir könnten nun fragen: Was brauchen Sie, um gegen Gewalt aktiv zu werden? Meist ist es bedauerlicherweise so, dass dem armen gemarterten Eltern-, Lehrer- oder gar Therapeutengehirn dazu von selbst nichts mehr einfällt. Nicht umsonst ist es ja hilflos und ohnmächtig.

Maja Storch schlägt nun vor, »Fremdgehirne« Vorschläge machen zu lassen und diese in einen Ideenkorb für den »Strudelwurm« zu legen, damit dieser sich die attraktivsten Häppchen herausholen kann. Ein solches »Fremdgehirn« – und ein prominentes noch dazu – ist zweifelsohne der schon wiederholt zitierte Begründer der Positiven Psychologie Martin Seligmann. Die Positive Psychologie ist jene Wissenschaft, die sich systematisch mit der Erforschung und Anwendung von Verhalten, Handeln, Strategien zur Erstrebung von nachhaltigem Wohlbefinden, Glück, »Authentic Happiness«, beschäftigt. Wir mutmaßen nun, dass die wichtigsten Ergebnisse, wie man nachhaltig glücklich und zufrieden werden kann, wunderbare Gaben für den Ideenkorb sind.

Eine der am besten erforschten Interventionen der Positiven Psychologie ist die Drei-Komplimente-Übung. In ihrer angewandten Form besagt diese, dass es nachhaltig zu mehr positiven Emotionen und Glück führt, wenn Sie sich täglich drei Verhaltensweisen vergegenwärtigen, mit denen Sie Erfolg hatten, und auch aufschreiben, warum. Diese Übung ist die Basis dafür, dass Sie in der Lage sind, das zu tun, was bei schwierigen, aggressiven, gewalttätigen Kinder so schwer fällt: nämlich ihnen Komplimente zu machen und positive erfolgreiche Verhaltensweisen bei ihnen zu bemerken.

Eine zweite gesicherte Tatsache ist, dass, wer anderen Dankbarkeit erweisen kann, ein nachhaltiges Werkzeug dafür in die Hand bekommt, gelingende soziale Beziehungen einzugehen und aufrechtzuerhalten. Gelingende soziale Beziehungen und das Erkennen der eigenen Stärken sind nach der Positiven Psychologie elementare Voraussetzungen für ein glückliches und zufriedenes Leben. Mehr noch: Barbara Fredrickson weist nach, dass das Erleben von positiven Emotionen negative Ereignisse schneller wettmacht und nachhaltig Verhaltensflexibilität und Leistungsfähigkeit erhöht.

Schließlich ist unumstritten, dass das Meistern von adäquaten Herausforderungen zufrieden und glücklich macht und ein Gefühl der Sicherheit und eigenen Kompetenz vermittelt. Die Stressforscher würden hierzu »Eustress« sagen, eine Form von positivem Stress. Am nachhaltigsten positiv wirken solche Herausforderungen, wenn sie mit pro-sozialem Engagement verbunden sind. Warum wohl? Weil sie Aufputschpillen für positive soziale Bindung sind.

Nun bitten wir Sie, sich noch einmal zu erinnern, wofür Aggression in ihrer sozial unakzeptierten Form eigentlich da ist. Sie dient dem Sichern von Beziehung und Bindung, wenn diese gefährdet sind. Aggression tritt auf, wenn die Angst groß ist, eben solche wichtigen Bindungen und Beziehungen zu verlieren. Sie tritt auf, wenn das Vertrauen in unsere eigene konstruktive Handlungsfähigkeit verloren geht, wenn wir über keine Verhaltensmöglichkeiten verfügen, Beziehungsherausforderungen anders zu lösen.

Was kann es Besseres geben für unsere Motivation, uns gegen Gewalt und Aggression als unvollkommene Lösung zu engagieren, als die in ihrer Wirksamkeit bewiesenen Interventionen der Positiven Psychologie im Ideenkorb?

1. Entdecken und Entwickeln eigener Stärken
2. Bemerken der eigenen Handlungsfähigkeit (etwa durch die Drei-Komplimente-Übung) und Wahrnehmen daraus folgender positiver Emotionen
3. Leben positiver Beziehungen
4. Sinn finden in positivem Engagement und »Neuem Heldentum«

All diese Interventionen wirken beziehungsstiftend und damit unmittelbar gegen Aggression und Gewalt. Sie führen heraus aus dem lähmenden Gefühl, unzulänglich und feige zu sein, aus dem Gefühl, dass Courage sowieso etwas für jemanden anderen ist und man selbst als Elternteil bzw. Erzieher inkompetent ist. Und das Wichtigste zuletzt: So zu leben und zu handeln macht wirklich glücklich. Also auch couragiertes Handeln im Umgang mit Gewalt und Aggression. Drei »Zuckerln« hätten wir in diesem Zusammenhang noch für den Ideenkorb:

1. Glückliche Menschen leben durchschnittlich zehn bis 15 Jahre länger als unglückliche. Das ist nicht nur so dahingesagt, sondern eine durch Längsschnittstudien sehr gut abgesicherte empirische Tatsache.
2. Ihre Chancen, der Volkskrankheit Depression zu entgehen, steigen beträchtlich.

3. Ihre Chancen, Freude daran zu haben, dass ihre Kinder sich aufgrund ihrer Handlungen positiv entwickeln, sind nicht unbeträchtlich.

Fassen wir für unsere Absicht noch einmal zusammen: Couragiert zu sein bedeutet den Fahrschein für ein glückliches Leben.

LEITFADEN FÜR ZIVILCOURAGE

Eigentlich ist alles ganz einfach. Wissen Sie schon, was Sie tun können, um Jugendgewalt wirksam zu begegnen oder sie erst gar nicht aufkommen zu lassen?

Seien Sie nett und lieb zu ihrem Gegenüber, begegnen sie ihm, sprechen Sie die Sprache der Liebe. Das ist schon fast esoterisch, oder? Zweifelsohne aber steht fest, dass der Weg der Beziehung, der Wertschätzung des anderen und seiner Wahrnehmung als Mensch das erfolgreichste Antidot auch gegen Jugendgewalt ist. So nebenbei auch die Garantie für ein glückliches Leben.

Lassen Sie uns zum Schluss miteinander einige Überlegungen für einen erfolgreichen, gelingenden Umgang mit Gewalt teilen. Dies soll es ihnen auch ermöglichen, engagiert zu handeln:

1. Gehen Sie mit Kindern und Jugendlichen immer wertschätzend und grundsätzlich liebevoll um. Begegnen Sie ihnen positiv. Jedes Kind, jeder Jugendliche braucht das Gefühl, dass er gemocht, akzeptiert wird, dass er eine Chance hat. Hier dürfen Sie nicht heucheln. Wer hier heuchelt, riskiert die Eskalation von Gewalt. Also loben und wertschätzen Sie Ihr Kind, den Jugendlichen, der Ihnen anvertraut ist.

2. Um das gut bewerkstelligen zu können, arbeiten Sie an sich

selbst, an Ihrer Haltung und Überzeugung, dass Sie wertvoll und wichtig sind. Arbeiten Sie daran, dass Sie etwas bewirken können, mit einem Wort: an Ihrer Souveränität und Ihrem Selbstwert. Wer sicher und souverän ist, kann viel leichter früh bei Gewalt eingreifen und riskiert auch viel weniger eine Eskalation.

3. Erlernen Sie die Fähigkeit zur verzögerten Reaktion. Verzögerte Reaktion meint, dass es Ihnen gelingt, nicht sofort Ihrem ersten emotionalen Handlungsimpuls zu folgen, der in der Regel bei einem Zusammenstoß mit Gewalt eine negative Färbung hat.

Dies ist um vieles leichter gesagt als getan, wenn Sie einmal wirklich so richtig gereizt werden. Verzögerte Reaktion heißt, bewusst eine innere Pause vor Ihrer Antwort auf eine erlebte Aggression einzulegen. Diese kann Sekundenbruchteile bis Stunden dauern. Es kommt darauf an.

Wenn beispielsweise ihr älterer, sagen wir 14-jähriger Sohn seine jüngere 8-jährige Schwester mit einem Fußtritt bedacht hat, heißt es natürlich eingreifen. Tun Sie das erst nach einigen Sekunden innerer Pause, während der Sie etwa von fünf zurückzählen oder, noch besser, den in Ihnen aufsteigenden Impuls des Entsetzens und Ärgers als Anker oder Auslöser für das Abrufen ihrer Haltung der Souveränität nutzen. Diese Verkettung oder Verankerung lässt sich systematisch üben. Einfach indem Sie es wiederholt versuchen. Stürmen Sie vielleicht auch, nachdem Sie erfolgreich und souverän unterbrochen haben, nicht gleich in das Zimmer Ihres Sohnes und fahren ihn an:»Warum hast du das gemacht? Das kann ja wirklich nicht sein! Wenn du noch einmal …« usw. Also enthalten Sie sich des Drohens und Belehrens und warten Sie lieber, bis sich Ihre Aufregung gelegt hat. Dafür bestärken Sie sich. Auch wenn Sie einmal sofort eingreifen müssen, machen Sie diese innere Pause möglicherweise nur für Sekundenbruchteile.

4. So können Sie selbst ein gutes Vorbild für den Umgang mit Gewalt sein. Achten Sie auf Ihr eigenes Vorbild. Nehmen Sie wahr, wann sie wo was wie sagen. Denn es ist so, dass ein Vorbild in vivo am besten imitiert und gelernt wird, vor allem dann, wenn Beziehungen eng sind.

5. Geben Sie Gewalt keine Chance, sehen Sie Gewalt nicht als Chance. Auch geringste Gewalt muss Konsequenzen haben. Gewalt ist nicht zu dulden. Das Gleiche gilt für Mobbing. Bitte gehen Sie bei Gewalt nur dann dazwischen, wenn Sie es sich zutrauen und schon einmal geübt haben. Greifen Sie nach Möglichkeit nie allein ein. Auch die Polizei interveniert immer zumindest zu zweit.

6. Machen Sie Gewalt öffentlich. Das ist nichts, was unter dem Deckmantel eines Gentlemen oder Ladies Agreement verschwiegen werden darf. Das mag Ihrem oder den Ihnen anvertrauten Jugendlichen peinlich sein, fördert aber eine konstruktive Auseinandersetzung, solange Sie wertschätzend liebevoll konsequent bleiben.

7. Machen Sie sich selbst auch öffentlich. Reden Sie mit Freunden, Bekannten, Ihrem Partner über die Ihnen widerfahrende Gewalt oder Gewalt Ihrer Kinder oder Jugendlichen.

8. Schaffen Sie sich die allseits beliebten »Telefonjoker« für den Fall, dass Sie nicht mehr weiterwissen.

9. Begegnen Sie Ihrem Kind und nehmen Sie sich Zeit für diese Begegnungen. Vor allem auf positive Zeit miteinander kommt es an. Fünf Minuten täglich ohne Wenn und Aber da zu sein ist mehr für eine Beziehung als mehrere Stunden nebeneinander. Auch Auseinandersetzung braucht Zeit. Sie wird dann positiv, wenn Sie sich diese Zeit nehmen. Solange über Dinge gesprochen wird, besteht nicht die dringliche

Notwendigkeit zuzuschlagen. Und seien Sie sich sicher: Jugendliche haben ein großes Interesse daran, dass Sie Ihnen begegnen. Es ist nur manchmal etwas mühsam, weil Sie dies nicht von vornherein wollen, aber die Mühe zahlt sich aus.

10. Schaffen Sie die Möglichkeit, dass Ihr Kind Herausforderungen positiv meistern kann. Das ist einer der schwierigsten Punkte. Zumindest zwei Dinge müssen zugleich berücksichtigt werden: erstens, nicht zu überfordern, zweitens, nicht überfürsorglich zu sein. Es ist der Tanz auf einem Grat, aber seien Sie gewiss: Mit etwas Übung und Zuversicht wird er Ihnen immer besser gelingen.

11. Tun Sie etwas für andere. Engagieren Sie sich sozial. Ermöglichen Sie Ihrem aggressiven Kind, Verantwortung zu übernehmen. Die Übernahme von Verantwortung für (sozial) Schwächere hat sich als eine der wirkungsvollsten therapeutischen Interventionen erwiesen.

Jugendgewalt ist kein Schicksal, dem wir Erwachsene hilflos ausgeliefert sind. Sie hat Hinweischarakter, entsteht sie doch im sozialen Umgang miteinander, auf der Suche nach Beziehung, Platz, Halt, Anerkennung. Es gilt den Zusammenhang zwischen Beziehungs- und Bindungsgeschehen und aufkeimenden aggressiven Impulsen zu berücksichtigen. Das eröffnet die Möglichkeit, schwerwiegender chronischer Aggression (Gewalt) vorzubeugen.

Bei allen gesellschaftlichen Bedingtheiten und Widersprüchen: Gewalt beginnt in unseren Kinder-, Wohn- und Klassenzimmern, wenn uns die Bindung und Beziehung zu unseren Kindern abhandenzukommen droht. Hier haben wir es in der Hand. Da zahlt sich Engagement aus. Wir hoffen Ihnen Mut gemacht zu haben, ein Neuer Held, eine Neue Heldin zu sein.

NACHWORT FÜR EXPERTINNEN UND EXPERTEN

Erfolgreicher Umgang mit gewalttätigen Jugendlichen und ihrer Aggression erfordert, so schlussfolgert dieses Buch, vor allem Begegnung und Präsenz. Es braucht Etablierung verlässlicher Bindungen und wertschätzender Beziehungen. Darin liegt ganz offensichtlich der tiefere Sinn von Aggression, die ganz schrecklich entarten kann. In ihren Ausbildungen haben Experten und Expertinnen (Psychologen, Psychotherapeuten, Kinder- und Jugendpsychiater usw.) das Herstellen von Beziehungen von Grund auf gelernt. Sie sind die Experten in Werschätzung und Einfühlen. Sie wissen, wie Kontakt herzustellen ist, wie man jemandem begegnet, wie man jemanden bestärkt. Sie kennen sich aus beim Entdecken von Stärken und Ressourcen und deren Nutzbarmachung. Sie verstehen etwas von Konsequenzen, vom Setzen von Grenzen und von Konfliktmanagement.

Sie können Kinder und Jugendliche oft in einer Weise verstehen, wie Eltern und andere Bezugspersonen es nicht mehr können. Sie sind oft stellvertretend präsent, geben Rückhalt und Orientierung, und das ist gut so.

Genau diese Präsenz ist Eltern, Lehrern und vielen anderen, die tagtäglich mit Kindern und Jugendlichen Umgang haben, abhanden gekommen oder droht abhanden zu kommen. Aber gerade auf diese Gruppen, und hier vor allem auf die Eltern, kommt es an: auf ihre Präsenz. Vor allem ihnen muss es gelingen, die in Aggression und Gewalt schlummernde Beziehungs- und Bindungssehnsucht unserer Jugend zu stillen.

Daraus lässt sich die unserer Meinung nach entscheidende Aufgabe von Experten und Expertinnen ableiten. Sie sind Wegbereiter, Bahner elterlicher Präsenz als Grundvoraussetzung für (wieder) gelingende Beziehungen zwischen Kindern, Jugendlichen und ihren Eltern. Das ist nach all unseren Erfahrungen der bei Weitem größte Wirkfaktor einer »erfolgreichen Aggressionstherapie«.

Das braucht eine »couragierte, nachgehende Therapie«:

- Bereitschaft zur Übernahme sozialer Verantwortung statt neutraler Distanziertheit
- Akzeptanz von Eltern und Lehrern als gleichberechtigte und kompetente Kooperationspartner mit wertvollen Ressourcen, wertschätzende Begegnung
- Aktive Einbeziehung aller Beteiligung statt isolierter Kinder- und Jugendlichenbehandlung in »verschwiegenen« Therapieräumen
- Ausprobierendes Handeln und gemeinsames Reflektieren statt »belehrender« Beratungsgespräche
- Handeln auch vor Ort in den Kinder-, Wohn und Klassenzimmern (dort, wo die Keimzelle der Gewalt liegt) oder im Stadtteil. Ab und an mal raus aus den schön designten Praxen und Büros!
- Freundschaftlicher Umgang und Wertschätzung des »Symptoms Aggression«. Dann wird es zulassen, seine Energie nutzbar zu machen.
- Charakterstärken entwickeln und Beziehung bahnen statt entwertender Analyse der Pathologie und Defizitminimierung.
- »Therapie im Alltag«, bei der man anspringen und mitmachen kann, statt gekünstelter Therapie-Settings.

So steigen die Chancen der Experten, das Herz der Eltern und der gewalttätigen Jugendlichen zu erreichen, um ein Vielfaches. Aggression steht im Dienste der Beziehung (zur Beziehung), »Therapie« sollte es erst recht tun. Das ist »Therapeutisches Heldentum«.

Detaillierte Informationen zu nachgehendem Arbeiten bei Jugendgewalt finden Sie unter www.jugendgewalt.com und www.ikjf.at.

EMPFEHLENSWERTE LITERATUR

Bauer, J. (2006). Prinzip Menschlichkeit – Warum wir von Natur aus Kooperieren. Hamburg: Hoffmann und Campe Verlag.

Deegener, G. (2002). Aggression und Gewalt von Kindern und Jugendlichen. Ein Ratgeber für Eltern, Lehrer und Erzieher. Göttingen: Hogrefe-Verlag.

Flesch, C., Hafeneger, B., Klett, A., Krahulec, P., Pilz, A. G. (1992). Jugend und Gewalt. Dossier Nr. 11. In: Wissenschaft und Frieden, Heft 4: Facetten der Gewalt. Bezug: Reuterstr. 44, 53115 Bonn.

Herzog, R. (2007). Gewalt ist keine Lösung! – Gewaltprävention und Konfliktmanagement an Schulen. Linz: Veritas Verlag.

Hüther, G. (2005). Biologie der Angst – Wie aus Stress Gefühle werden. Göttingen: Vandenhoeck und Ruprecht Verlag.

Krall, H. (2007). Jugend und Gewalt – Herausforderungen für Schule und Soziale Arbeit (2. Aufl.). Berlin, Wien: LIT Verlag.

Oerter, R. & Montada, L. (2008). Entwicklungspsychologie (6., vollständig überarbeitete Aufl.). Weinheim, Basel: Beltz Verlag.

Omer, H., von Schlippe, A. (2006). Autorität durch Beziehung. Praxis des gewaltlosen Widerstands in der Erziehung (3. Auflage). Göttingen: Vandenhoeck & Ruprecht.

Omer, H., von Schlippe, A. (2010). Stärke statt Macht. Neue Autorität in Familie, Schule und Gemeinde. Göttingen: Vandenhoeck & Ruprecht.

Seligman, M. E. P. (2003). Der Glücks-Faktor. Warum Optimisten länger leben. München: Ehrenwirth Verlag.

Storch, M. (2010). Machen Sie doch, was Sie wollen! Wie ein Strudelwurm den Weg zu Zufriedenheit und Freiheit zeigt. Bern: Verlag Hans Huber, Hogrefe AG.

Zimbardo, P. (2007). The Lucifer Effect. Understanding How Good People Turn Evil. New York: The Random House Inc.